Hans U. Brauner · Führung und Musik

Hans U. Brauner

Führung und Musik

Plädoyer
für ein Wiederentdecken von Unternehmer-Kulturen
durch empathisch-musikalische Tugenden

Zweite, überarbeitete und ergänzte Auflage

Mit einem Vorwort von Manfred Osten

und Gesprächen
mit Thomas Schuld, Helga und Rainer Lauterbach
sowie Josannette Loutsch

2012

Inhalt

Vorwort von Manfred Osten

zur zweiten überarbeiteten und ergänzten Auflage 2012

Helmut Schmidt ist 2007 in einem *Spiegel*-Interview gefragt worden, ob er an seiner Meinung festhalte, dass Demokratie Führung brauche – seine Antwort lautete: »In der deutschen Sprache ist das Wort ›Führung‹ ein schwieriges Wort, weil es mit dem Substantiv »Führer« und dem Verbum ›führen‹ zusammenhängt. Gleichwohl würde ich dabei bleiben wollen.« Auch wenn Helmut Schmidt durch Talkshow-Auftritte mit seinem potentiellen »Kanzlerkandidaten« Peer Steinbrück am 30. Oktober 2011 bei Günter Jauch und Ulrich Wickert deutlich mehr Kritik als Lob geerntet hat, so bleiben doch seine staatsmännische Reputation und seine Führungserfahrungen glaubwürdig.

Wenn jetzt der neue Buchtitel der Publikation *Management und Musik* von Hans U. Brauner den neuen Titel *Führung und Musik* trägt, so ist dies eine wichtige Akzent-Verschiebung. Es ist eine Akzentverschiebung, die auffällig mit der Einsicht Bernhard Buebs (in *Von der Pflicht zu führen*) übereinstimmt. »Der Bildungsnotstand in Deutschland resultiert aus einem Mangel an Führung … Da Führung ihrerseits Bildung voraussetzt, müssen wir sie zur Hauptsache Deutschlands erklären.« Das heißt, unsere Demokratie bedarf in allen Lebensbereichen gerade jetzt – in Zeiten einer akuten Finanzkrise mit möglichen schweren Folgen für die Wirtschaft – der Herrschaft der Besten. Und nichts ist dringlicher, als diese Elite heranzubilden. Dies aber ist nur möglich, wenn Charakterbildung und Erziehung zur Verantwortung gleichwertig neben die akademische Bildung tritt.

Es ist das besondere Verdienst Hans Brauners, dass er in diesem Zusammenhang eindringlich an die überragende Bedeutung der Musik erinnert, da sie wie kaum eine andere Erscheinungsform der Kunst geeignet ist, Menschen in diesem Sinne auf Führung vorzubereiten. Die Musik erscheint sogar als der eigentliche Königsweg für die Erziehung zur Führung in einer Zeit, die zunehmend krisenanfälliger wird auf Grund überkommender hierarchischer Entscheidungsstrukturen. Der Neurowissenschaftler Wolf Singer hat bereits 2002 in seinem vielbeachteten Essays zur Hirnforschung (*Der Beobachter im Gehirn*) hingewiesen auf die wachsende »relative Inkompetenz von Entscheidungsträgern« bei der Bewältigung von Problemen komplexer und nicht linearer Natur. Er verweist zur »Milderung« dieser »relativen Inkompetenz« auf neuronale Entscheidungsarchitekturen, also auf »parallelisierte Entscheidungssysteme«.

Als Beispiel eines solchen »parallelisierten Entscheidungssystems« könnte das Streichquartett betrachtet werden: Es ist in seinen höchsten Gipfelleistungen – wie etwa in den späten Streichquartetten Beethovens – die sublimste Form interaktiver Führung im Geiste des Gemeinsinns und dessen Verwirklichung durch vier Persönlichkeiten, die alle als »primus inter pares« verstanden werden können.

Das Werkstattgeheimnis dieses musikalischen Gemeinsinns aber ist jenes hohe Gut der Humanität, das in allen zwischenmenschlichen Beziehungen die vielleicht größte, aber leider zu wenig beachtete Rolle spielt: die Empathie. Diese Fähigkeit, sich in die Erlebensweise anderer Menschen hineinzuversetzen und deren Gefühle und Gestimmtheit nachzuempfinden, ist ein hohes Gut, das möglichst früh entwickelt und geübt werden sollte. Es ist ein Gut, das vor allem der Entwicklung von Nervenzellen, den sogenannten Spiegelneuronen geschuldet ist. Und es ist daher auch kein Zufall, dass Hans Brauner in seinem Plädoyer für ein Wiederentdecken von Unternehmerkulturen immer wieder zurückgreift auf die Empathie als eine der wichtigsten musikalischen Tugenden. Denn sie ist zugleich eine der wichtigsten Tugenden jeder Unternehmerkultur. sie ist nämlich die Fähigkeit, sich selber und die anderen im eigenen Rückspiegel (der Empathie) zu erkennen. Es ist aber auch eine Fähigkeit, der Grenzen gesetzt sind aufgrund der neuronalen Verfasstheit des Menschen. Es sind quantitative Grenzen, die in der Musik sichtbar und hörbar werden am Beispiel der Größe eines Symphonie-Orchesters. Vielleicht ist es auch eines der Geheimnisse erfolgreicher Unternehmer, dass sie dieses quantitative Gesetz der menschlichen Empathie nie ganz aus dem Auge verlieren?

Im Oktober 2011

Manfred Osten

Vorwort von Manfred Osten

zur ersten Auflage 2009

*Unternehmensführung
und die Sekundärtugenden der Musik*

Im *Patmos*-Gedicht Friedrich Hölderlins finden sich die Verse »Wo aber Gefahr ist, wächst/das Rettende auch.« Wenn heute im Zeichen einer globalen Finanz- und Wirtschaftskrise die Apokalypse wieder Konjunktur hat, so ist angesichts der damit gegebenen Gefahren die Frage nach dem »Rettenden« dringlicher denn je. Es ist Hans Brauners Verdienst, dass er diese Frage nicht theoretisch, sondern aus der Sicht eines Praktikers stellt, der über beides verfügt: lebenslangen beruflichen Umgang mit den Voraussetzungen für Führung in der Wirtschaft und zugleich durch Liebhabertum in der Musik gewonnene Einsichten. Und zwar Einsichten in musikalische Sekundärtugenden wie Harmonie, Zusammenspiel, Disziplin und Demut als transdisziplinäre Gleichung für gleichnamige Tugenden, die ihrerseits unverzichtbar sind für Führung in Wirtschaft und Politik.

Brauners Essay zeigt nicht nur eindringlich die Konvergenzen zwischen den musikalischen und den praktischen Tugenden. Diese, im allgemeinen Bewusstsein leider verschütteten Einsichten in beide Tugendwelten zeigen zugleich, dass es sich hierbei in Wahrheit gar nicht um Sekundär-, sondern um Primärtugenden handelt. Es sind Primärtugenden, weil sie eine zentrale Bedeutung haben für jede Art von Chaos- und Krisenbewältigung. In der Kulturgeschichte der Menschheit sind diese Primärtugenden schon vor 2500 Jahren erkannt worden.

Die Rede ist von jenem chinesischen Weisheitslehrer Konfuzius, dessen (in Gesprächen mit seinen Schülern) entwickelte Primärtugenden soeben in China bewusst als Staatsdoktrin revitalisiert werden. Und zwar, um Chaostendenzen zu begegnen, wie etwa den drohenden Folgen materieller und geistiger Verwüstungen der zurückliegenden Kulturrevolution.

Was in China heute revitalisiert wird, hat Konfuzius um 500 vor Christus in einer chaotischen Zeit bereits selber als Rettungsmittel für das Resetting einer Führungskultur gefordert: »Aufbau einer harmonischen Gesellschaft«. Womit er denn genau jenen musikalischen Schlüsselbegriff ins Zentrum rückte, den auch Hans Brauner als zentrale Voraussetzung versteht für das Resetting der Führungskultur in einer Zeit tiefer Erosion der Glaubwürdigkeit der Leadership-Generation in Wirtschaft und Politik.

Warum aber ist gerade der musikalische Begriff der Harmonie der Schlüssel für die Bewältigung dieser chaotischen Krisensituation? Die Antwort findet sich bereits bei Konfuzius, der in einer Zeit großer politischer und moralischer Werte-Erosion die strikte Beachtung zweier Prinzipien forderte, die ihrerseits die zwei Seiten einer einzigen Medaille sind: das auf dem Gemeinsinn der Familie gegründete Harmonie-Prinzip und das auf dem Gedanken eines Leistungs- statt eines Geburts-Adels gegründete Prinzip der Bildung im Sinne lebenslangen Lernens. Daraus folgt als notwendige Konsequenz im konfuzianischen Verständnis der Gedanke des lebenslangen Respekts gegenüber dem älteren (und damit an Lebenserfahrung reicheren) »Sensei«, dem Lehrer (bzw. innerhalb der Familie gegenüber dem Vater). Mit dem Respekt aber gegenüber dem »Sensei« als dem höchsten (auch sozial hoch gestellten) Repräsentanten und Vorbild der Bildung sind gleichzeitig auch alle anderen Sekundärtugenden gegenüber dem »Sensei« automatisch mitbegründet. Hierzu gehören die

Selbstverständlichkeiten wie Dankbarkeit, Fleiß, Disziplin, Harmonie-konformes Verhalten, Vertrauen und eigenes Verantwortungsbewusstsein.

Erst wenn man die Wirkmächtigkeit dieser mit dem konfuzianischen Harmonie- und »Sensei«-Prinzip gegebenen Sekundärtugenden erkannt hat, erschließt sich zum Beispiel auch das Erfolgsrezept der Toyota-Kultur in Japan. Es ist ein Erfolgsprinzip, das auch in westlichen Führungsetagen und Betriebsratsbüros Einzug halten könnte, wenn man es nicht nur analysiert, sondern auch entsprechend handelt. Um dies zu realisieren, wäre es allerdings nötig, die westliche Streit- und Individualkultur mit ihrem Prinzip der unbedingten Selbstverwirklichung im Zeichen von Ansprüchen und Forderungen selbstkritisch zu überprüfen.

Hierbei würde sich notwendigerweise die Frage stellen, bis zu welchem Grad die westliche Gesellschaft des Eigensinns mit ihren eigenen unbezweifelbaren Vorzügen und Errungenschaften kompatibel und anpassungsfähig ist im Hinblick auf die genannten Prinzipien der Konfuzianischen Harmonie- und Konsensgesellschaft des Gemeinsinns.

Es liegt auf der Hand, dass die oben genannten, aus dem Harmonie- und »Sensei«-Prinzip resultierenden konfuzianischen Sekundärtugenden ausnahmslos ihrerseits abgeleitete »musikalische« Tugenden sind. Denn auch in der Musik ist Harmonie nicht möglich ohne die Führungsqualitäten eines »Sensei«. Wenn Hans Brauner sich bei diesen Führungsqualitäten vor allem auf die Aspekte der Disziplin, des Zusammenspiels und der Demut konzentriert, so tut er dies mit dem Bewusstsein, dass sich gerade in Deutschland diese und andere Sekundärtugenden spätestens seit den siebziger Jahren in einem rapiden Erosionsprozess befinden. Mit dem Ergebnis, dass sich dies zunehmend auch als Mangel an sozialer Kompetenz in Top-Management-Kreisen bemerkbar macht. Ein Ende dieser Erosion dürfte allerdings auch weiterhin auf sich warten lassen. Denn Wiederbelebungsversuche der Sekundärtugenden etwa im

Bereich der Pädagogik stehen weiterhin unter dem Verdacht des Missbrauchs mit Hinweis auf die Geschichte des Dritten Reiches. Dies hat zuletzt der langjährige Leiter des Internats in Salem, Bernhard Bueb, mit seinem Bestseller *Lob der Disziplin* erfahren.

Hinzu kommt ein wesentliches Problem für das, was Hans Brauner anstrebt: das Resetting der Führungskultur. Denn in Deutschland setzt sich aus naheliegenden historischen Gründen nur sehr langsam die Erkenntnis durch, dass es ohne Führung weder in der Kinder- noch in der Erwachsenenwelt geht, und dass die Art und Weise, wie wir geführt werden, unser Leben bestimmt. Die alarmierenden Auswirkungen dieser fehlenden Erkenntnis im Bereich der Bildung und Erziehung werden inzwischen zunehmend erkannt und erklären die traurige Richtigkeit der durch Brauner erwähnten Feststellung von Helmut Schmidt für die Bereiche Wirtschaft und Politik: »Es fehlt an persönlicher Führungskraft«.

Hans Brauners Essay ist vor diesem Hintergrund der mutige Versuch, die verlorengegangenen Voraussetzungen beim Namen zu nennen, ohne die künftig ein glaubwürdiges Leadership-Verhalten nicht möglich sein dürfte. Es ist ein optimistischer Versuch, für den ausnahmsweise nicht das Karl-Kraus-Wort gilt: »Optimismus ist Mangel an Information«.

Manfred Osten (2009)

1. Sachverhalt zum Plädoyer gegen Vorurteile und Diskriminierungen von Unternehmern in Krisen

1.1. Warum ein Plädoyer?

Es ist die Zielintension dieses Essays, an das Wiederentdecken unternehmerischer Tugenden zu erinnern. Als Instrument für dieses Vorhaben in Form eines Plädoyers wollen wir ausschließlich musikalische Tugenden verwenden.

Warum ein »Plädoyer«? Ein Plädoyer hat den Vorzug, dass man für oder gegen einen Tatbestand oder eine These eintreten kann (auch leidenschaftlich), entweder anklagend oder verteidigend, quasi paradox oder auch synergetisch. Eine »Streitschrift«, die für Konflikte plädiert, würde z.B. die Botschaft dieses Essays nicht richtig und sinnvoll wiedergeben, da man von einer solchen eher polemische, investigative Angriffe zu Leadership-Fragen in Politik und Wirtschaft erwarten würde, anstatt sich mit der Lösung oder Reduzierung von Krisen (Konflikten, Kämpfen, Kriegen) zu beschäftigen, was eher einem Verteidigungs-Plädoyer zuzuordnen ist.

Auf die Rolle eines anklagenden Plädoyers verzichten wir deshalb ausdrücklich, so wie es Thomas Vašek (Publizist und Boxer) in seinem aktuellen Buch über *Die Weichmacher. Das süße Gift der Harmoniekultur* (Hanser Verlag, München 2011) – quasi stellvertretend – konfrontativ zuspitzend übernommen hat. Die Vor-Urteile gegen Unternehmer und Manager, die von der Gesellschaft der Ängstlichen und Wütenden, den sogenannten »Angstbürgern« oder »Wutbürgern« vorgetragen werden, veranschaulichen ausreichend die Argumente eines Anklage-Plädoyers. Aus meiner Einschätzung eines selten gewordenen Vertreters des konservativen Kulturbürgertums ist es wohl möglich, mit den harten Maßstäben und Tugenden einer Musikkultur der weichmacherischen Harmoniesucht und Konsumkultur in Politik und Wirtschaft zu begegnen. Man kann Konflikte und Krisen auch ohne gesellschaftlichen K. O.-Schlag im Boxring (Thomas Vašek) lösen, wenn man einfühlsam (empathisch) höflich und hart den für »richtig« erkannten Standpunkt vertritt und dafür auch steht, wenn es kritisch wird, ohne populistisch mit dem Blick auf die eigene Wiederwahl in politische oder wirtschaftliche Gremien (Vorstand, Aufsichtsrat) umzufallen.

1.2. Situationsmerkmale Krise

Warum wird aus Krisen zu wenig oder nicht rechtzeitig gelernt? Gibt es ein »Dieses Mal ist alles anders«[1]-Syndrom?

Mitten in der »zweiten globalen Kontraktion« der Wirtschaft (2008–2010) ist der Essay *Management und Musik* 2009 veröffentlicht worden. Ich habe damals einleitend aktuell über »Apokalypse hat wieder Konjunktur« geschrieben und einige mahnende Meinungen aus Politik (Bundespräsident Horst Köhler, Alt-Bundeskanzler Helmut Schmidt) und Wirtschaft zitiert, was in der überarbeiteten und durch Beiträge von Thomas Schuld ergänzten Neuauflage nicht mehr erforderlich erscheint, da die Einschätzungen zur großen Krise in mehreren Sachbüchern bekannter Autoren über die Krise in Finanz- und Realwirtschaft weitgehend sachlich – kritisch im aktuellen »Zeitgeist« veröffentlicht worden sind. Man erinnert sich nach der wirtschaftlichen Erholung in der Realwirtschaft 2011 allerdings nur widerwillig daran, wohl weil man eigene Fehler gerne vergisst.

Die für die Zukunftsfähigkeit so wichtigen Erinnerungs- und Vergessens-Kulturen haben leider durch Quantensprünge in der Informationstechnik und durch wachsende Beschleunigung im Entscheiden und Handeln gelitten. Wir wiederholen unsere Frage nochmals gezielt: Haben Eigentümer-Unternehmer, Angestellter Unternehmer und Manager aus dieser letzten großen Rezession gelernt? Lautet die Antwort für die Realwirtschaft eher »Ja« und für die Finanzwelt eher »Nein«, wenn man die Kommentare zu den Geschäftsberichten und die wiederaufgenommene Tantiemen-Zahlungen nach der Ausgliederung von Risiken in »Bad Banks« beobachtet?

Es sei nochmals an die Existenzängste von Unternehmern und Unternehmen in der Phase 2008–2010 erinnert und an deren Folgen von Flucht oder Aggression, von Versuchungen der Freiheit und des Zwanges, von Treue und Untreue, von Widerständen gegen gestörtes unternehmerisches Ermessen usw.

Inzwischen hat sich die Krisenangst auf die Haushaltskrise der Europäischen Staaten – die Euro-Krise 2011/2012 – konzentriert, welche die Finanzwirtschaft und die Realwirtschaft bedroht und durch »Rettungsschirme« bekämpft wird.

Eine mögliche Ursache mag in der neurowissenschaftlich erkannten Gedächtnis-Struktur und -Funktion des menschlichen Gehirns liegen, die sich mindestens dreifach stetig verändert: hinsichtlich der Zeitachse (vorher – während – danach) und des Zeitbewusstseins, der wechselnden Deutungen des Geschehens bzw. der unterschiedlichen Deutungshoheiten der Akteure und schließlich einer asymmetrischen Gewichtung von Konflikten. Diese möglichen drei Merkmale von Verantwortung und Versuchung (Zeit, Macht und Asymmetrie) lassen das charakteristische Unternehmerverhalten in Umbruchsituationen deutlich werden: Anständig oder unanständig, redlich oder unredlich, glaubwürdig oder unglaubwürdig, stehen oder umfallen, wenn es kritisch wird.

1.3. Kategorie Unternehmer und seine Stereotypisierung

Nach dem Freiburger Sozialpsychologie-Professor Karl Christoph Klauer sind »soziale Kategorien Gruppen von Menschen, die im sozialen Miteinander häufig zusammengefasst gesehen, diskutiert und bewertet werden.«[2] »Zum anderen sind soziale Kategorien inhaltlich in der Regel mit kategoriespezifischen Erwartungen an spezifische Eigenschaften und Verhaltensweisen der Mitglieder verbunden.«

Diese Erwartungen werden in der Sozialpsychologie Stereotype genannt. »Die mit der Kategorisierung verfügbar werdenden stereotypen Inhalte erlauben es, Menschen auch dann zu beurteilen und zu bewerten, wenn außer der Kategoriezugehörigkeit nur wenige Informationen vorliegen. Wenn die Kategorien und die damit verknüpften Inhalte die Realität nicht zutreffend beschreiben, entstehen Urteilsfehler … Vorurteile genannt. Ein Vorurteil liegt dann vor, wenn eine positive oder negative Bewertung auf ein Mitglied einer Kategorie übertragen wird, ohne weiteres Ansehen der Person. Drückt sich eine negative Bewertung im Verhalten der Person gegenüber aus, so spricht man von Diskriminierung.«[3] Wendet man diese sozialpsychologischen Deutungen auf die Kategorie der Unternehmer an, so bieten sich mehrere Auslegungen an:

- Zunächst kann man in einer Leadership-Architektur die Kategorie Eigentümer-Unternehmer (Familienunternehmer, Geschäftsführende Gesellschafter) und Angestellter

Unternehmer (Vorsitzende oder Sprecher von Vorstand und Geschäftsführung) unterscheiden.

- Die allgemeinen Erwartungen an Eigentümer-Unternehmer hinsichtlich Langfristigkeit, Stabilität, Sicherheit, Loyalität usw. sind in der Regel höher als bei Angestellten Unternehmern wegen der relativ knappen Zeit der Dienstverträge (3–5 Jahre). Entsprechend sind die (positiven) Vorurteile gegenüber Eigentümer-Unternehmern oft nachhaltiger.

- Bei den Erwartungen = Vorurteilen in der Krise schneiden erfahrene Angestellten Unternehmer als Konsolidierer, Sanierer und Krisenmanager eher mit positiven Bewertungen ab.

- Hingegen bei negativen Bewertungen (Untreue, Korruption etc.) werden Angestellte Unternehmer wegen der wachsenden Versuchungen in Krisen eher mit dem Stereotype Diskriminierung bedacht.

1.4. Kommunikative Verzerrung zu Vorurteilen und Diskriminierung

Ein bekanntes Instrument zur Vermittlung und Aufrechterhaltung von Stereotypen ist die sprachliche Kommunikation in den Medien[4]. Beispiel eines Vorurteiles:»Unternehmer sind eigennützig und korrupt.« Die Mitglieder von Eigengruppen der Kategorie Unternehmer, zu denen sich der Autor zählt, verhalten sich im Vergleich zu Fremdgruppen (Kategorie Nicht-Unternehmer) unterschiedlich: Das Verhalten der Eigengruppe und der Fremdgruppe wird nach verschiedenen konkreten oder abstrakten Merkmalen bewertet. Aus der modernen Stereotypenforschung seien hier »Linguistic Category Model« (LCM) und »Linguistic Intergroup Bias« (LIB) genannt, die sich mit den sprachlichen Mechanismen des Ausdrucks vor Vorurteilen befassen. Ein typisches Beispiel aus der Literatur sei zitiert, aus welchen Kategorien und unterschiedliche Abstraktionssprache zu erkennen sind:

- »Ein Fußballer der Gegenmannschaft schlägt seinen Gegner während des Spiels,

- verletzt seinen Gegner, während des Spiel,

- hasst seinen Gegner

- ein Fußballspieler ist aggressiv.«[5]

Versuchen wir, diese Untersuchungsmethode auf die Stereotype von Unternehmern zu übertragen:

- Der Angestellte Unternehmer Mustermann unterschlägt Kapital seines Unternehmens während der Wirtschaftskrise 2008/2009.

- Der Angestellte Unternehmer betrügt sein Unternehmen in einer Krise.

- Der Angestellte Unternehmer benachteiligt sein Unternehmen.

- Ein Unternehmer ist untreu.

Die Kategorie der Nicht-Unternehmer hat Vorurteile gegenüber der Kategorie der Unternehmer. Aus dem konkreten Beispiel der Kategorie des Angestellten Unternehmers mit dem bestimmten Artikel »der« wird mit kontinuierlicher Sprachverzerrung und Abstraktion (wie beim Fußballer-Beispiel) der Gattungsbegriff für die Kategorie Unternehmer mit dem unbestimmten Artikel »ein«: das Vorurteil, wenn allgemein und abstrakt die Kategorie Unternehmer gemeint ist, oder die Diskriminierung, wenn konkret der Unternehmer-Name in Print-Medien, Internet oder Fernsehen veröffentlicht wird und dadurch eine Bedrohung entsteht.

1.5. Musikalisches Plädoyer gegen Bedrohungen durch Stereotype?

In der psychologischen Forschung ist eine Theorie zur Erklärung der Wirkung von Stereotypen (Vorurteile und Diskriminierungen) – insbesondere bei Testleistungen – entwickelt worden: die Stereotype-Threat-Theory[6], welche hier mit Johannes Keller (Universität Mannheim) kurz skizziert wird, um zu überlegen, ob unser musikalisches Plädoyer zur Reduzierung der Bedrohungen beitragen könnte: »In der Stereotype-Threat-Theory wird die Annahme vertreten, dass Personen ein Gefühl der Bedrohung erleben, wenn sie sich in einer Situation befinden, in der sie befürchten, auf Basis von negativen Stereotypen beurteilt zu werden bzw. durch ihr eigenes Verhalten negative Stereotype bezüglich ihrer Gruppe unbeabsichtigter weise zu bestätigen.« Für diese mentale Belastung sind nach Johannes Keller »verschiedene Ursachen denkbar, z. B. körperliche Erregung/Stressreaktion, Aktivierung von stereotypen Wissensinhalten mit Bezug zu Versagensangst; Unterdrückung unerwünschter Gedanken; Suche nach Erklärungen für mögliche Misserfolge. Demnach ist anzunehmen, dass die Leistungsreduktion unter ST vermutlich durch das *Zusammenwirken* affektiver, kognitiver sowie motivationaler Mechanismen hervorgerufen wird.«

Johannes Keller nennt eine Reihe von empirisch dokumentierten Mediatorvariablen, die zum musikalischen Plädoyer passen (zusammen mit den entsprechenden Autoren, die wir weglassen).

»*Kognitive* Variablen:
Stereotypaktivierung, Belastung des Arbeitsgedächtnisses, Störung der Formulierung von Lösungsstrategien, negative Gedanken.

Affektive Variable:
Ängstlichkeit, Frustration, physiologische Erregung.

Motivationale Variablen:
Zielsetzung, Leistungserwartung, Self-Handicapping, defensive Ausrichtung der Selbstregulation, Stigmatisierung auf Grund der Kategorie-Mitgliedschaft.«

Die im Sachverhalt geschilderten kritischen Faktoren stellen für das Führungsverhalten von Unternehmern kritische psychologische Faktoren einer Bedrohung dar. Vorurteile und Diskriminierungen – speziell in Krisensituationen – bedrohen die soziale Identität, stören die Selbstwahrnehmung und die Selbstdisziplin von Eigentümer- und Angestellten Unternehmern fundamental.

Unser Plädoyer versucht abzuleiten, ob musikalisches Gedankengut zu Tugenden mögliche Maßnahmen zur immunisierenden Prävention und Intervention nahe legen können gegen negative Konsequenzen der Konfrontation mit den bekannten Stereotypen gegen die Unternehmer-Kategorie. Wir versuchen, die Anregungen aus der sozialpsychologischen Forschung der Universität Mannheim (Prof. Dr. Dagmar Stahlberg, Dr. Johannes Keller, Dipl.-Psych. Christiane Schöl) für unser musikalisches Plädoyer zu nutzen[7]:

- Förderung des Glaubens an die Veränderbarkeit des Denkens und Handels einer minoritären Gruppe von unanständigen Unternehmern in die »richtige« Richtung der anständigen majoritären Gruppe von Unternehmern.

- Förderung der positiven Beeinflussung der Selbstwahrnehmung und Bekräftigung der richtigen persönlichen Individualität.

- Förderung der Vernunft des Gefühls und der Moral, zwischen »richtig« und »falsch« unterscheiden zu können.

1.6. Musikalisches Präludium und unternehmerisches Briefing

In diesem Essay wird versucht, in der Art eines Verteidiger-Plädoyers, einen *anständigen* unternehmerischen Weg aufzuzeigen, um in der Finanzkrise und Wirtschaftsrezession 2008/2010[8] oder in der Euro- und Haushaltskrise 2011/2012 die entstandenen Existenzängste, den Angstfleiß und die Versuchungen von Managern verkraftend zu überwinden. Wir wollen hier mit »Anstand« bzw. »Anständigkeit«[9] auf unternehmerischen Wegen sowohl das äußere Betragen, die Manieren, wie auch insbesondere die zugrunde liegende sittliche Haltung verstehen, die auch als Tugend der einfachen Sittlichkeit bezeichnet wird.

Wir stimmen nicht in die populäre »Panik-Mache« interessierter politischer und wirtschaftlicher Kreise ein, da wir in unserem Berufsleben bereits mehrere schwierige Wirtschaftskrisen und auch Gesundheitskrisen relativ gut überlebt haben. Das soll nicht heißen, dass z. B. die horrende Finanzkrise 2008/2010 »klein geredet« wird, aber sie eröffnet auch Chancen und ist für die notwendige Rückbesinnung auf moralische Werte und für eine Regeneration kaufmännischer Tugenden geeignet[10]. *Und dennoch!* ist für unser Leadership-Verhalten in existentiellen Umbruchsituationen das Leitbild geworden, in welchem Mut und Demut zugleich ausgedrückt werden.

Dieses »Dennoch« verstehen wir vorzugsweise als »beharren«, an einem Entschluss festhalten, standhaft sein (z. B. in Treue) und hierzu das Substantiv »Beharrlichkeit«, das Ausdauer, Zähigkeit, Konstanz signalisiert. Literarisch »geweiht« ist »beharrend« als abschließende Grußformel von Goethe in seinem Brief an Zelter vom 28. Februar 1828[11] (also bereits vor über 180 Jahren!).

Wir beobachten mit Sorge das in mancher Sicht heuchlerische dialektische Vorgehen, die »Toxic Papers« der Banken aus der Finanzwelt in sog. »Bad Banks«¹² einzubringen und damit gleichzeitig die »Bad Men«, die »Unanständigen« mit Hilfe dieser Metapher »Bad Bank« in einen Grenzbereich des finanziellen Mülls zu verorten. Die so moralisch und finanziell gereinigten Banken sind dann wohl die anständigen »Good Banks«, wenn es gelingt, die »reuigen Sünder« wieder auf die Pfade der Tugenden zu bringen, wäre das im christlichen Sinne zu begrüßen.

Die in diesem Essay im Sinne einer Verteidigung des Unternehmer-Ansehens verwendeten musikalischen Metaphern sollen kein Ablenkungsmanöver sein, sondern eine ehrliche »Strickleiter«, um die Versuchungen und Verstrickungen zu vermeiden und aus dem Ansehenssumpf herauszukommen.

Die Ursachen für die tiefen Erosionsspuren der öffentlichen Meinung über die Glaubwürdigkeit einer Leadership-Generation aus Wirtschaft und auch Politik liegen wohl weniger in mangelnden Fachkompetenzen, sondern eher in der geringen bzw. fahrlässigen Beachtung normativer Dimensionen (Geschäftsordnung, Codices of Conduct und Codex of Corporate Governance mit den grenzüberschreitenden Ausdehnungen von Freiheit, Macht und Moral usw.) der Beteiligten in Banken, Unternehmen und Politik. Es ist das charakteristische Fehlverhalten, kaum die fehlende Fachkompetenz, das sich in fehlendem Anstand und fahrlässiger Untreue ausdrückt: Einzelne fachkompetente Erfinder von komplexen, kaum verständlichen Finanzprodukten und deren Vermarkter haben geldgierige Anwender und deren »follower« in einem unerwarteten Ausmaß zu Versuchungen verführt, die schlussendlich zu sogenannten »Tsunami«-Beben in der Finanzwirtschaft und einem gewaltigen Crash in der Realwirtschaft geführt haben.

Unter diesem Fehlverhalten einer limitierten Kohorte von wenigen Unanständigen leiden alle anständigen Leadership-Personen (Vorstände/Geschäftsführer, Aufsichtsräte und Unternehmer) durch eine stereotype negative Vor-Verurteilung in ihrem gesellschaftlichen Ansehen, das mit Verlusten von Glaubwürdigkeit und Vertrauen einhergeht und durch »Bashing« und »Pranger« zu schweren physischen und psychischen Konsequenzen führen kann (Beispiele: Freitod Adolph Merckle/Ratiopharm, Kreislaufkollaps Josef Ackermann/Deutsche Bank, beide Ereignisse im Januar 2009).

Es muss verständlicherweise das Anliegen von integren Unternehmensführungen sein, mit Mut und Demut eine moralische Regeneration der erodierten Führungskultur auf richtige unternehmerische Wege zu bringen mit dem hochgesteckten Ziel einer »Wiederentdeckung« der Unternehmenskultur in der Finanz- und Realwirtschaft. Notwendig – im semantischen Sinne »eine Not abwenden« – sind weniger neue kodifizierte Verhaltensnormen und neue Gesetze, die leider oft übereilt, überstürzt, leichtsinnig und mit Irrtümern behaftet erfunden werden und nachträglich »repariert« (durch das Bundesverfassungsgericht) werden müssen, sondern eine nachhaltige Veränderung des moralischen Bewusstseins, des Unrechts- und Schuldbewusstseins und des Gefühls und moralischen Reifegrades für Angemessenheit mit dem Ziel, die unternehmerische Gesamtverantwortung wieder »richtig« wahrzunehmen. Mit der Frage, was richtig oder falsch, gut oder schlecht ist, wird die Frage nach der ethischen Orientierung der Unternehmenskultur angesprochen. Sie ist wohl am besten mit Hans Küng und seinem Projekt »Weltethos«[13] folgend mit der »Goldenen Regel« als Orientierung eines »Global Corporate Responsibility Citizen« zu beantworten, die in allen großen Religionen und Philosophien vertreten wird:

- »Was du selbst nicht wünschst, das tue auch keinem anderen Menschen an.«, Konfuzius (551–489 v. Chr.)
- »Alles nun, was ihr wollt, das euch die Leute tun sollen, das tut ihr ihnen auch.« Matthäus 7, 12.

Man könnte diese Forderung nach einem »Wiederentdecken« der Integritätskultur auch mit einer »letzten Instanz« des individuellen oder kollektiven Gewissens für moralische Verantwortung und Angemessenheit als Bindekraft erwägen.

Im Sachverhalt haben wir bereits Argumente unseres Plädoyers für eine Ansehens-Verbesserung von Leadership geschildert, die in der Regel sachlich und auch emotional vorgetragen werden, mit entsprechenden Anträgen für ein möglichst gerechtes Urteil in der Öffentlichkeit bzw. in unserem Falle eine »Berichtigung« der negativen Vorurteile.

♫ ♫

Musik dient mit großer Wirkung zur Einstimmung in das Denken und Fühlen in wichtigen Lebenssituationen der Freude, der Trauer und bei persönlichen oder politischen Ehrungen. Bei Hochzeiten werden feierliche und später heitere, lockernde Musikstücke gespielt, bei Beerdigungen und Trauerfeiern getragene, meist in Moll komponierte, langsame Trauermärsche oder Adagio-Sätze. Wird eine hohe politische oder militärische Persönlichkeit bei Amtseinführung oder Verabschiedung geehrt, so geschieht dies mit einem »Zapfenstreich«. Anlässlich von Staatsbesuchen oder großen politischen Ereignissen werden berühmte Orchester für die Ehrung, auch im diplomatischen Dienst, eingesetzt, die meist Beethoven (z. B. die Neunte) spielen. In der Wirtschaft bilden bei vielen wichtigen Ereignissen musikalische Darbietungen den Rahmen, um das Publikum positiv einzustimmen. Manager nutzen z. B. Begegnungen bei Festspielbesuchen (Bayreuth, Salzburg), um die persönlichen geschäftlichen Beziehungen zu verbessern.

Nun zu einigen hilfreichen musikalischen Metaphern. In der Musik müssen die Instrumente der Solisten und des Orchesters gestimmt sein. Klaviere für Hausmusik stimmt man normalerweise nur zwei Mal im Jahr, bei großen Klavierkonzerten werden die Flügel vor jedem Auftritt gestimmt. Saiteninstrumente werden – wie wir alle immer wieder sehen und hören – vor jedem Konzert gestimmt, manchmal auch zwischen einzelnen Sätzen nachgestimmt.

Für eine Oper werden Opernsänger mit entsprechendem Stimmvolumen gewählt, für Liederabende werden selbstverständlich andere Qualifikationen gesucht; das Gleiche gilt für Chöre. Wichtig ist nur, dass »sauber« gesungen wird, was z. B. von einem geschulten Gehör als richtig empfunden wird. Allgemein ist zu sagen, dass nicht nur vom Dirigent und seinen Musikern oder von der Sängerin / dem Sänger exzellente handwerkliche Qualität verlangt wird, sondern auch von den entsprechenden Instrumenten. Flügel von Steinway&Sons oder Bösendorfer und Geigen oder Celli von Nicola Amati (1596-1684), Giacomo Antonio Stradivari (1644-1737) und Giuseppe Guarneri del Gesù (1698-1744) bilden hier die Maßstäbe für »excellence«.

In der Wirtschaft stimmt man sich vor wichtigen Sitzungen ein, sachlich und taktisch (Vorstands- und Aufsichtsratssitzungen, Hauptversammlungen), in dem man in getrennten Vor-Besprechungen mit Kapitaleignern, Arbeitnehmervertretern, Aktionärsvertretern, Banken usw., also mit allen beteiligten Entscheidungsträgern, Meinungen und Argumente zustimmungsfähig bespricht.

Dadurch wird so weit wie möglich verhindert, dass »Saiten reißen« oder »das Licht im Konzertsaal ausgeht«, so dass »falsch gesungen oder gespielt« wird und das Konzert – hier die Sitzung – unterbrochen bzw. wiederholt werden muss.

Die Wiener Philharmoniker haben zur Vermeidung solcher Pausen stets einige Ersatz-Geigen und Ersatz-Bratschen an den Notenständern der Zweiten Pulte hängen und sie proben vor jedem Konzert die wichtigsten und kritischen Passagen der Partitur, vor Premieren als Generalprobe das komplette Konzert, auch um die Akustik des Raumes zu testen. »Der Ton macht die Musik«, auch im Leadership-Verhalten.

Für ein gut gestimmtes Orchester sorgt in der Regel der Konzertmeister (=Erster Geiger), der das Stimmen der Instrumentengruppen überwacht und der den Dirigenten fachkundig und loyal unterstützt, so wie ein Vertrauter des Vorstandsvorsitzenden, der im Falle eines Schwächeanfalls des Dirigenten sofort einspringt. Der Autor hat beispielsweise den Schwächeanfall des Vorsitzenden der Feldmühle AG in einer Hauptversammlung der 90er Jahre am Rednerpult erlebt; sein loyaler Vorstandskollege hat sofort die Rede fortgesetzt, während der Vorstandschef ärztlich versorgt wurde. Die Einstimmung der Hauptversammlung durch das »Präludium« der Verwaltung ist dadurch nicht unterbrochen worden.

Kommen wir zurück auf die Frage nach klugen Maßnahmen, um das Ansehen von Managern, Unternehmern und Aufsichtsräten in der öffentlichen Meinung und in der gesellschaftlichen Positionierung wieder in eine sachlich und moralisch angemessene Ebene anzuheben? Als positive Beispiele sind hier zu nennen:

- Die Ringvorlesung des Kieler Forums für Wirtschaftsethik im Wintersemester 2007/2008, die vom Wirtschaftsministerium Schleswig-Holstein und der FAZIT Stiftung Frankfurt/Main finanziell unterstützt und die von Wolfgang Kersting[14] als Herausgeber unter *Moral und Kapitel* veröffentlicht worden ist.

- Der St. Galler Ansatz der »Integrativen Wirtschaftsethik« von Peter Ulrich und »Integre Unternehmensführung« von Thomas Maak und Peter Ulrich[15].

- Die berühmte langjährige »Hall of Fame« des manager magazins (Schloss-Hotel Kronberg).

- Die vom Handelsblatt neu geschaffene virtuelle »Hall of Fame«, die am 14. Januar 2009 mit der Ehrung zweier Vertreter des Mittelstandes eröffnet worden ist: Dr. Martin Herrenknecht, Vorstandsvorsitzender der Herrenknecht AG und Prof. Dr. Ing. Berthold Leibinger, Aufsichtsratsvorsitzender der Trumpf Werkzeugmaschinen KG (Eigentümerfamilie Leibinger).

Mit einigen musikalischen Verhaltensnormen und Tugenden wollen wir nun versuchen, mit ästhetischen Proportionen und Orientierungen als ein »anderes Plädoyer«, für ein besseres Ansehen von Leadership zu werben. Ohne Werturteile über fachliche oder soziale Kompetenzen abzugeben, werden wir einige positive charakteristische Merkmale zu Mitgliedern der Leadership-Gesellschaft ansprechen, die ihre Lebenskultur, ihre positiven normativen Dimensionen, ihre Bindekräfte zwischen Menschen und ihren Unternehmen durch die Musik zeigen.

Wahrscheinlich ist wenigen Lesern bekannt, dass Dr. Josef Ackermann, der Vorstandsvorsitzende – CEO – der Deutschen Bank AG, ein begeisterter klassischer Pianist ist. Ebenso spielt Dr. Ing. h. c. Heinz Dürr, Aufsichtsratsvorsitzender der Dürr AG (und ehemaliger AEG- und Bahn-Chef) ausgezeichnet Klavier, vorzugsweise Jazz. Prof. Dr.-Ing. Hermann Scholl, Aufsichtsratsvorsitzender der Robert Bosch GmbH und ehemaliger Bosch-Chef, spielt hervorragend Cello, vor allem in Kammerkonzerten, was besonderes Verständnis für Harmonie, Disziplin und Demut im Zusammenspiel erfordert. Der Aufsichtsratsvorsitzende der Wieland-Werke AG in Ulm und ehemaliger Aufsichtsratsvorsitzender der Robert Bosch GmbH, Dr.-Ing. Wolfgang Eychmüller, ist seit vielen Jahren harmonisierender und mutiger Kurator der Internationalen Bachakademie Stuttgart (Prof. Dr. Helmut Rilling), die häufig im Auftrag des Bundespräsidenten oder der Bundesregierung diplomatische

»Schützenhilfe« im Ausland gibt, Prof. Dr. Berthold Leibinger, der in die »Hall auf Fame« aufgenommene Unternehmer und AR-Chef, ist im Vorstand der Internationalen
Bachakademie seit vielen Jahren segensreich harmonisch
als Vorstand tätig. Prof. Dr. h.c. mult. Reinhold Würth,
Vorsitzender des Stiftungsaufsichtsrates der Würth-Gruppe, gehört – neben Montblanc – zu den bedeutenden Sponsoren der Philharmonie der Nationen (Justus Frantz), die
regelmäßig für seine Kunden und Beschäftigten der Würth-
Gruppe Konzerte gibt.

ঙ ঙ

Nach dieser Einstimmung in mögliche Bindekräfte zwischen Leadership und Musik, werden nun einige uns wichtig erscheinende musikalische Deutungen angesprochen.

Manfred Spitzer, der Leiter der Psychiatrischen Univer-
sitätsklinik in Ulm, hat seinen Forschungsschwerpunkt im
Grenzbereich zwischen Neurobiologie, kognitiver Neurowissenschaft und Psychiatrie. Wir greifen aus den vielfältigen Zugangsweisen der an Musik interessierten Menschen
seine spezifischen Betrachtungen zu *Musik im Kopf* [16] heraus, d.h. »Musik wird als ein Sachverhalt begriffen, der
sich nur verstehen läßt, wenn man das Hören (Wahrneh-
men), das Musizieren (als komplexes Verhalten) und das
Verstehen und Erleben von Musik genauer analysiert.«

Bevor wir einige typische Metaphern und Begriffe aus
der Musik im Sinne unserer deutenden wirtschaftlichen
Überlegungen ansprechen, um Harmonie, Disziplin, Zusammenspiel und Demut aus musikalischer Sicht besser zu
verstehen, lassen wir Hans Küng, Nikolaus Harnoncourt
und Alfred Brendel zu Wort kommen, die uns indirekte
Hinweise zum Leadership-Verhalten geben.

Hans Küng, der bedeutende Tübinger Theologie-Professor
und auch aktuell nachhaltige Diskussionspartner von Joseph Ratzinger, seit 2006 Papst Benedikt XVI, ist – was

nicht viele wissen – auch ein großer Musikkenner. Ich zitiere aus seinem Buch *Musik und Religion*[17]: »Ich hätte keinesfalls all das über Religion schreiben können, (...) wenn ich nicht ständig nicht nur aus der Religion, sondern auch aus der Musik innere Kraft, schöpferische Phantasie und disziplinierte Ausdauer bezogen hätte.«[18] »Musik, wie jeder schöpferische Impuls, geschieht nicht an sich, im luftleeren Raum. Sie ist an den Menschen und seine geistige Haltung gebunden (...)«. »Musik kann (...) Ausdruck künstlerischer Gestaltung sein: (...) von der Einstimmigkeit bis zur hochkomplexen Polyphonie.«

Nikolaus Harnoncourt, der berühmte Dirigent, hat in seiner Festrede zur Feier des 250. Geburtstages von Wolfgang Amadeus Mozart in Salzburg am 27. Januar 2006 Folgendes gesagt: »Die Kunst und mit ihr die Musik ist ein wesentlicher Bestandteil des Lebens, sie ist uns geschenkt als Gegengewicht zum Praktischen, zum Nützlichen (...)« und weiter: »Musik (...) ist eine Sprache des Unsagbaren – die aber manchen letzten Wahrheiten wohl eher nahe kommt als die Sprache der Logik, der Verständigung mit ihrer Logik, mit ihrer Eindeutigkeit, ihrem schrecklichen: Ja oder Nein.«[19] Wir werden im folgenden Text auch seine Gedanken zu *Musik als Klangrede. Wege zu einem neuen Musikverständnis* (Salzburg / Wien 2009) zitieren, speziell zur »Notation« und »Artikulation«.

Und schließlich stellt Alfred Brendel, der Weltklasse-Pianist, in seinem Buch *Nach dem Schlussakkord* (2010)[20] zu seinem Abschied vom Konzertpodium fest:

»Im Rückblick auf sechzig Jahre des Konzertierens möchte ich mich fragen: Was verhilft einem dazu, ein solches Leben durchzustehen?

Da ist zunächst die Trias Talent, Konstitution und Glück. Aber vieles kommt noch hinzu: Selbstvertrauen *und* Selbstkritik, Ambition *und* Geduld, Beharrlichkeit ohne Fanatismus, ein gutes Gedächtnis, gute Nerven (man wird sie nicht nur auf dem Podium brauchen, sondern auch beim Lesen mancher Rezensionen), Vision – also die Voraussicht, wie ein Talent, ein Repertoire, eine Persönlichkeit zu entfalten sei, die Gabe der Konzentration, Vergnügen an der Arbeit, die Bereitschaft, Fähigkeit und Freude, dem Publikum etwas zu übermitteln (und sei es ein musikalisches Selbstgespräch), ein Sinn für Komik, das Absurde und Paradoxe der Situation, eine gesunde Portion Skepsis, damit man sich nicht zu ernst nimmt.«

Kehren wir zurück zu Manfred Spitzer, der uns Hinweise zu den Niederungen der Musikmetaphorik geben kann: »Wie sehr Musik unser Leben durchdringt, erkennt man auch daran, wie oft wir sie als Metapher benutzen. Jemand ›spielt die erste Geige‹, ›gibt den Ton an‹, ›bläst uns den Marsch‹ oder ›pfeift aus dem letzten Loch‹. Wenn jemand etwas Nettes sagt, ist das ›Musik für unsere Ohren‹. Und wenn er uns überzeugen will, ›zieht er alle Register‹ wie bei der Orgel, um auch die Aliquot-Stimmen, die zusätzlichen, gemischten Stimmen, zu Gehör zu bringen.«[21]

2. Plädoyer-Anträge zur musikalischen Empathie

2.1. Empathie oder Synergie vs. Entropie?

In der modernen Neurowissenschaft ist eine zunehmende Forschungsarbeit über das Phänomen der Empathie zu beobachten, des Einfühlungsvermögens, der Bereitschaft und Fähigkeit des sich Hineinversetzens, der Identifikation mit einer anderen Person (Psychologie) oder Sache (Ästhetik), aber auch die eigene Reaktion auf die Gefühle Anderer (Mitleid, Hilfsimpuls). So erforscht z.B. der Professor für Neurologie Jürgen Seitz an der Heinrich-Heine-Universität in Düsseldorf aktuell die Funktionen von Spiegel-Neuronen, die im kommunikativen einfühlsamen Erkennen und Verhalten eine herausragende Rolle zu spielen scheinen. Jeremy Rifkin, ein bekannter gesellschaftlicher Vordenker unserer Zeit (Wharton School) verdanken wir eine 2010 veröffentliche Studie über *Die empathische Zivilisation*[22], in welcher er feststellt, dass »Kooperation über Konkurrenz siegen« würde und somit auch fähig zu sein scheint, Entropie, also Unordnung, Chaos, Krisen erfolgreich bekämpfen zu können. An dieser Stelle sei an den Stuttgarter Mathematik- und Physik-Professor Hermann Haken erinnert, der bereits vor 30 Jahren (1981) durch seine Erkenntnisse über die Synergetik[23], der Lehre vom Zusammenwirken auch in den Fachbereichen Biologie, Technik und Wirtschaft bekannt geworden ist. Auch er hat das Thema Entropie mit seiner Synergie-Lehre konfrontiert. Wir verweisen in diesem Zusammenhang an das jahrelang übliche Synergie-Argument bei Merger + Akquisition-Entscheidungen[24] in Unternehmer-Gremien. Leider können die erhofften wirtschaftlichen Synergievorteile dann nicht realisiert werden, wenn die gewachsenen Unternehmenskulturen der Partner kontraproduktiv gegeneinander arbeiten, wie der Autor enttäuscht selbst erfahren hat. So ist es wahrscheinlich konsequent, dass man in der altersgerecht knapper werdenden Zeit des Nachdenkens über Zukunftsvisionen der Führungskultur auch mit gesellschaftlichen Theorien der »Postmoderne« oder »Neuen Moderne« beschäftigt. Besonderen Eindruck macht z. B. die »Theorie der reflexiven Modernisierung« von Ulrich Beck und Christoph Lau[25], die nicht mehr dem Prinzip des »Entweder-Oder«, sondern dem des »Sowohl-als-auch« folgt und dies mit der »Politik der Grenze und der entgrenzten Moderne« erläutert und begründet.

Wenn wir im Folgenden die Merkmale Harmonie, Disziplin, Zusammenspiel und Demut der musikalischen Empathie entgrenzend in der Art einer musikalischen huldigende Transkription in erodierende Führungsidentitäten einfühlsam und therapierend übertragen, dann wird man möglicherweise als ein »auf dem Kopf stehender«[26] Grenzgänger in einer »Doppelgänger«-Funktion betrachtet.

2.2. Harte musikalische Harmoniekultur und angemessene unternehmerische Konsenskultur

Versuchen wir, die vier bereits angesprochenen Begriffe Harmonie, Disziplin, Zusammenspiel und Demut mit metaphorischen Inhalten zu füllen. Das Prinzip der Harmonie wurde so früh aufgestellt, dass »Harmonia« als Tochter von Ares und Aphrodite, als Personifikation von »Auseinanderklang« und »Zusammenklang« – später »con- und dissonantes« genannt – in den griechischen Mythos aufgenommen wurde. Der Begriff »Harmonie«[27] entwickelte sich zum Zusammenstimmen von Verschiedenem oder Entgegengesetztem, dem musikalischen Gefüge der Töne bzw. Klänge, der Akkorde und ihrer Zusammenhänge. »Wie jeder Einzelton in die Vertikale der Harmonie und die Horizontale der Melodie eingeordnet ist, so ist auch jeder Akkord als Ganzheit in ein vertikales und horizontales System tonaler Bezogenheit eingeflochten.«[28]

Der Ton macht die Musik, sagt man –in Management- und Leadership-Kreisen, wenn es um Dissonanzen geht. Wie Dissonanzen in der Musik zu Konsonanzen aufgelöst werden, hat uns Johann Sebastian Bach vorbildlich gezeigt, z. B. in seinem Choral BWV 147 »Wohl mir, dass ich Jesus habe«. Aber auch Mozart beherrschte diese Dissonanzen-Konsonanzen-Folge, z. B. in seiner Klaviersonate C-Dur KV 545, in der er in einem Takt Dissonanzen komponiert hat, die er in den folgenden zwei Takten harmonisch auflöst, als wenn nichts gewesen wäre. Dieses Auflösen von Dissonanzen ist wohl eine stetige Aufgabe von Konflikt-Management und Mediatoren-Tätigkeit der Leadership-Mitglieder.

In der harmonischen Funktionstheorie von H. Riemann (1877) wurden bereits die Grundzüge einer harmonischen Logik entwickelt, indem er dialektische Begriffe von Oktave, Quinte und Terz im Sinne von »Einheit-Entzweiung-Einigung« auf das Nacheinander der Akkorde – »Subdominante-Tonika-Oberdominante« – übertrug.[29] Wie gut und richtig kann es doch sein, aus der Musik ästhetische Begriffe in die Management- und Leadership-Lehre übertragen zu können: Dominante, Subdominante, Oberdominante und dazwischen – ganz ungewohnt – Tonika, alles eigentlich Einfluss- und Macht-Begriffe. Interessant in diesem Zusammenhang ist der Gedanke von Manfred Spitzer: »Harmonie (das gleichzeitige Erklingen verschiedener Töne – also die Akkorde), ist viel anfälliger gegen Fehler, fragiler, störbarer als Melodie (Töne erklingen nacheinander)«[30]. Das erfährt jeder Pianist oder Organist, der z. B. Bach spielt. Und das ist dem Leadership ein wohlbekanntes Phänomen, wenn Kollegen polyphon von unterschiedlichen Akkorden ausgehen und sich an der falschen Stelle aus »Dur« ein »Moll«-Klang ergibt und umgekehrt.

♮   ♭

Für die musikalische Harmonie eines Kammer- oder Phil-harmonie-Orchesters sind der Dirigent und sein Konzert-meister sowie die Musiker an den ersten Pulten (Geige, Bratsche, Cello, Bass usw.) in erster Linie verantwortlich. Sie instrumentalisieren die gewünschte Harmonie.

Zum guten und richtigen *Dirigieren* im Sinne der Har-monie gehört nach allgemeiner Einschätzung Folgendes[31]:

- Die Orchestermusiker sollten mit einer konservativen Ab-lehnung des Publikums von Ungewohntem (z. B. von Neu-er Musik) gelassen umgehen. Eine Verinnerlichung einer möglichen negativen Einstellung des Publikums durch die Musiker kann die Harmonie der Aufführung hörbar stö-ren, auch über die ablehnende Körpersprache der Musiker. In Leadership-Aufgaben ist dieser Umgang mit dem Unge-wohnten die Notwendigkeit der Veränderung, das bekannte »Change-Management«, das oft auf erbitterte Widerstände stößt. Dieses Verhalten ist verständlich, da wir alle unsere Sicherheit u. a. von eingeübten Gewohnheiten beziehen.

- Ein wichtiges Gebot der Darstellung von musikalischen Werken ist die Deutlichkeit und Transparenz. Dazu gehört eventuell bewusst auch das Verschleierte, das Undurch-sichtige (die »opacité« – »obscurité de bois«), wenn das erste Thema einer Melodie hinter zu lauter Begleitmusik zu hören ist. Als Beispiel wird von Michael Gielen das zweite Thema der Neunten Symphonie Beethovens zitiert, das mit unterschiedlicher Deutlichkeit gespielt werden sollte; ob-wohl für alle Instrumente »fortissimo« vorgeschrieben sei, sollten die Holzbläser zwar »fortissimo«, die Streicher aber »mezzoforte« und die Blechbläser »piano« spielen, um die thematische Substanz besser zu erkennen.

- Von Management und Leadership wird stets »Deutlich-keit« und zunehmend »Transparenz« gefordert. Vielleicht gibt uns der Hinweis auf die musikalische Differenzie-rung die Erkenntnis, dass auf diese Weise die geplanten Botschaften möglicherweise besser zu verstehen sind, z. B.

wenn verschiedene Personen das Gleiche sagen, aber mit unterschiedlicher Deutlichkeit in Lautstärke und in behutsamem diplomatischen Umgang mit der Kommunikation von unangenehmen und verletzenden Wahrheiten. In evangelischen Unternehmerkreisen von Württemberg – der Heimat des Autors – ist man z. B. oft der groben Auffassung, dass man »was wahr ist, auch sagen kann«. Im katholischen Rheinland – der Wahlheimat des Autors – ist man da meist geschmeidiger und trotzdem ebenso erfolgreich.

In der Musik ist es selbstverständlich, dass nur **ein** *Dirigent* ein Konzert dirigiert. Für den Verhinderungsfall steht bei großen wichtigen Aufführungen oft ein Ersatz-Dirigent zur Verfügung; meist springt jedoch in einem solchen Fall der Konzertmeister, also der Erste Geiger, der das Konzert einstudiert und geprobt hat, in die Bresche.

Niemand würde in der Musik auf die Idee kommen, **zwei** *Dirigenten* gleichzeitig dirigieren zu lassen, wie das in der Wirtschaft mit der Ernennung von **zwei** *Sprechern* manchmal organisiert wird (z. B. viele Jahre bei der Deutschen Bank AG und dort erneut ab Mai 2012 in der Nachfolge von Josef Ackermann). Auch eine sogenannte *Tandem*-Lösung zwischen Vorsitzendem und stellvertretendem Vorsitzenden eines Vorstandes ist keine gute und richtige Lösung. Wer sitzt auf dem Fahrrad vorne am Lenkrad, wer dahinter und strampelt nur? Vielleicht denken die Erfinder solcher Organisationen an die Jagd, wo man gerne ein Paar teure sogenannte Schwester-Flinten benutzt, die praktisch identisch gebaut sind und einem Jäger von seinem »Büchsenspanner« hintereinander gereicht werden, um eine schnellere Schussfolge und damit eine höhere Trefferquote z. B. bei der Rothuhn-Jagd erreichen zu können.

Zu den sichtbaren und auch hörbaren Aufgaben eines Dirigenten gehört die Bestimmung der *Geschwindigkeit*, in der ein Musikstück abläuft.

Eines der charakteristischen Merkmale von Musik ist, dass sie in der *Zeit* existiert und weniger im *Raum*. Selbstverständlich sind die von der Musik erzeugten Schwingungen räumlich, aber das Erlebte ist zeitlich. Deshalb ist es wohl eine primäre Aufgabe jedes Interpreten, die Zeit in ihrem Ablauf harmonisch zu gestalten. Ein primitiv klingender Hinweis auf jeder CD sind die Minuten und Sekundenspielzeit einer Aufnahme.

Der Komponist gibt in der Regel die Tempi vor von largo bis presto usw., einschließlich der Pausen. Der Dirigent modifiziert häufig die Tempi, um ein Tongebilde nach seiner Auffassung von Gestalt zu interpretieren. Da wird oft im Tempo nachgegeben, wenn viele Noten zu spielen oder zu singen sind. Viele der Hörer langweilen sich, wenn ein Stück zu langsam gespielt wird und sind begeistert, wenn z.B. ein Pianist besonders schnell und fortissimo spielt, was man als Übereilung, Voreiligkeit oder gar falsche Beschleunigung empfinden kann.

In der Wirtschaft wir oft *Speed-Management* zelebriert, in Extremfällen eine gefährliche Beschleunigung, um die Leistungskurve im oberen Bereich zu halten. Wenige denken daran, dass man z.B. einen Motor – vielleicht mit Ausnahme vom Rennsport – wirtschaftlich stets mit Hochgeschwindigkeit laufen lassen kann. Pausen und optimale Drehzahlen bescheren in der Summe ein höheres Drehmoment. Die Komponisten bringen nach einem schnellen Satz stets einen langsameren Adagio-Satz, was die Qualität und den positiven Gesamteindruck optimiert.

In der Politik und Wirtschaft wird oft durch sog. »überlegene Geschwindigkeit« ein Sieg, meist ein »Pyrrhus-Sieg«, in einem risikoreichen Konflikt errungen. Man schafft zuerst Fakten, um später dann mit einem Gutachten diese Fakten rechtlich abzusichern, d.h. man überrumpelt

Partner und vereinbarte Spielregeln. Ein klassischer Musiker wird nur bei Kadenzen spontan improvisieren – es sei denn, er ist ein Jazz-Musiker –, um Beifall zu bekommen, er wird sich sonst aber korrekt und werkgetreu an die Noten, die Notation halten. Dieses sog. spontane »Durchregieren«, das Bundeskanzlerin Angela Merkel für den »Herbst der Entscheidungen 2011« ausgerufen hatte, um »Entscheidungsfreundlichkeit mit Willensstärke und Effizienz mit Leistung gleichzusetzen« (siehe hierzu Jan Füchtjohann: »Die große Ungeduld« in *Süddeutsche Zeitung* vom 31. Mai 2011, S. 13) und die als Tugend zu verkaufen, anstatt sich in Geduld und fachkompetenter Entschleunigung zu bewähren, hat zu gefährlichen Glaubwürdigkeits- und Vertrauensverlust der Bundesregierung geführt. Politisches Beispiel aus 2011: Zuerst Atomkraftwerke abschalten, dann rechtliche und fachliche Gutachten (»Ethikkommission«) suchen, um schließlich zu überlegen, woher und wie die gewünschte erneuerbare Energie termingerecht geliefert werden kann.

Besonderer Aufmerksamkeit und Betreuung durch den Dirigenten bedürfen die *Solisten* und die Spielführer der einzelnen Instrumentengruppen eines Orchesters.

Die meisten Solisten und die ersten Pulte sind stets große Talente mit exzellenter Ausbildung und Erfahrung, oft auch als Professoren tätig, und von der musikalischen Professionalität her den Dirigenten ebenbürtig. Das Gleiche gilt für die Sängerinnen (z. B. Anna Netrebko, Cecilia Bartoli, Jessye Norman, Angelika Kirchschlager, Waltraud Meier, Maria Callas) und Sänger (z. B. Plácido Domingo, José Carreras, Jan Bostridge, Dietrich Fischer-Dieskau, Thomas Quasthoff, Andreas Scholl, Luciano Pavarotti).

Richtiges Leadership-Verhalten zeichnet sich analog aus in der Rekrutierung hervorragender Kollegen und auch Mitarbeiter in der zweiten Reihe, die nicht als Konkurrenz der ersten Reihe, sondern als Verstärker und Multiplikatoren zu sehen sind.

So scharen exzellente Leader auch ein starkes Team um sich, hingegen umgeben sich schwache Manager auch mit ebenso schwachen oder besser noch: schwächeren Kollegen.

Als musikalische Phänomene sind auch *Kadenzen* und *Zugaben* zu nennen.

Als Kadenz bezeichnet man eine solistische, ursprünglich vom Solisten selbst improvisierte, später vom Komponisten vorgeschriebene verzierende Wiederholung eines Themas, um dem Künstler Gelegenheit zu geben, sein virtuoses Können zu zeigen.

In Vorträgen und Vorlagen im dem Leadership-Leben wird die Kadenz positiv als verstärkende Wiederholung der Botschaft benutzt; negativ wirkt eine eitle Verzierung zur Selbstdarstellung. Die zweite Bedeutung einer Kadenz, die Feuerfolge bzw. die Feuergeschwindigkeit einer Waffe pro Minute, ist manchmal bei Solisten auf dem Klavier oder der Geige zu vernehmen. Einen Hochgeschwindigkeits-Vortragenden versteht man meist nicht mehr und bewundert nur seine Virtuosität des Spieles oder seiner Zunge.

Eine *Zugabe* ist etwas, das zusätzlich gegeben wird, das über die pflichtgemäße Leistung hinausgeht, z. B. eine künstlerische Darbietung einer Sängerin oder eines Pianisten. Bei berühmten Künstlern rechnet man mit zwei bis drei Zugaben, die meist schon zeitlich eingeplant sind.

In der Wirtschaft und Politik ist es eigentlich üblich, dass für Management und Leadership die zeitlichen Zugaben als Einsatz am Abend und Wochenende selbstverständlich geworden sind und nicht als Überstunden vergütet werden, sondern pauschal in einem höheren Jahreseinkommen enthalten sind.

Aktuell werden auf dem CD-Markt für Klassische Musik spezielle »Zugaben«-Pakete angeboten, die sich besonders gut verkaufen, da die Stücke bekannt sind und von Virtuosen gespielt oder gesungen werden. Diese Zugaben werden im Musik-Marketing »Aperitif« oder »Digestif« genannt; das Prinzip wird im angloamerikanischen Sprachgebrauch auch als »a bit-of meat« bezeichnet, was ungefähr synonym für »a small piece, portion, quantity« bzw. »a short time or distance, und »meat« nicht nur »Fleisch« sondern hier »essence« bedeutet.[32] Im Management-Leben werden solche Zugaben als »Digestifs« nach Antritt einer Ernennung zum Geschäftsführer und Vorstand bzw. als Vorsitzender/CEO erwartet: Es sind dies die sogenannten »quick results«, die in den berühmten ersten 100 Tagen zu leisten sind. Leider werden diese schnellen, beschleunigten Erfolge oft mit »Blut und Schweiß« des Personals bezahlt und verlaufen nicht so harmonisch und virtuos wie im Musikleben, was zu wünschen wäre.

♫ ♫

2.3. Disziplin bei musikalischen Tempi, Notationen, Artikulationen und Timing, Realisation, Fokussierung von unternehmerischem Verhalten

Der hier im musikalischen Verständnis zu vertiefende Begriff *Disziplin* ist ein Wert der Tugenden, die in unserer heutigen erziehungsfeindlichen Umwelt oft als zu vernachlässigende »Sekundär«-Tugend geschmäht wird. Autorität und Disziplin, Selbstdisziplin und Fleiß sind Werte der Erziehung, auch der musikalischen Erziehung. Management- und Leadership-Mitglieder sind in ihrer Kindheit und Jugend davon oft geprägt worden. Bernhard Bueb stellt in seiner Streitschrift *Lob und Disziplin*[33] fest: »Der Erziehung von Jahrhunderten ist das Fundament weggebrochen: die vorbehaltlose Anerkennung von Autorität und Disziplin. Das 20. Jahrhundert war pädagogisch ein Jahrhundert der Extreme. Die pervertierte Disziplin der kaiserlichen Kadettenanstalten und der nationalsozialistischen Praxis kontrastierte mit dem Laissez-faire der antiautoritären Erziehung der zweiten Hälfte des Jahrhunderts. Maßlosigkeit war das Kennzeichen beider Erziehungsmuster.« Und ein weiteres Zitat von Bernhard Bueb, dem langjährigen Leiter der Eliteschule Salem: »Mit dieser Streitschrift will ich einen Beitrag leisten, das rechte Maß zu finden, Autorität und Disziplin in der Erziehung wieder zu Ansehen verhelfen.«

Wir erläutern nun einige musikalische Metaphern für mögliche Manager-Tugenden der Disziplin:

- Die musikalische Erziehung zur Disziplin lehrt nun – und wir folgen hier wichtigen neurowissenschaftlichen Erkenntnissen von Manfred Spitzer – Musik »hören«, Musik »erleben« und Musik »machen«. Wir hören die Harmonie der Akkorde die Töne als Bausteine einer Melodie, die Oktaven, Quinten und Terzen, d. h. wir lernen das *Zuhören*, was so vielen Menschen – auch in Manager- und Leadership-Kreisen – häufig schwer fällt. Wir schulen unser *Gedächtnis* (Kurz- und Langzeit-Gedächtnis), z. B. durch das Singen von Liedern. Wir erleben Musik emotional, dissonant und konsonant, im Tanz durch Rhythmus und Schwingungen (Körpersprache), erwerben Taktgefühl usw., was unsere soziale Kompetenz stärken kann.

- Zur musikalischen Disziplin des Dirigenten gehört, dass er seine Partitur kennt, schon vor der Orchesterprobe und selbstverständlich vor dem Konzert. Höchste Perfektion zeichnet Dirigenten stets aus, die ihre Partitur auswendig kennen, so z. B. Herbert von Karajan.

Zu einem guten Leadership-Verhalten gehört in diesem Sinne, dass wenigstens der Vorstandsvorsitzende und der Aufsichtsratsvorsitzende die Entscheidungsvorlagen vorher nicht nur gelesen, sondern auch sorgfältig verinnerlicht haben. Es reicht nicht, auf dem Weg zu einer Sitzung im Auto kurz einen Blick in die Unterlagen zu werfen oder sich von einem Assistenten »briefen« zu lassen. Für Hauptversammlungen einer börsennotierten AG ist es z. B. selbstverständlich, dass der Aufsichtsratsvorsitzende als Versammlungsleiter den vorbereiteten Fragen- und Antworten-Katalog angesehen hat, um entweder glaubwürdig und souverän selbst antworten zu können bzw. die Beantwortung den zuständigen Vorständen zu übertragen. Stets nur als Moderator aufzutreten und die Antworten vom sog. »Back-Office« anzufordern, zeigt den Aktionären eine fehlende oder mangelhafte fachliche und auch soziale Kompetenz.

- In gleicher Weise ist von Solisten und Orchestermusikern zu erwarten, dass sie ihre Noten kennen, und vor allem, dass sie stetig *üben* und die Musikstücke *einüben*. Für einen guten professionellen Musiker und insbesondere für einen hervorragenden Solisten ist es selbstverständlich, dass er sein *Handwerk* beherrscht. Das vermag er in der Regel nur, wenn er eine ausgezeichnete Ausbildung hat und vor allem täglich mehrere Stunden übt. Er muss auch lernen, Niederlagen zu ertragen und aus diesen zu lernen, ohne seine Ziele aufzugeben.

Leider werden diese notwendigen Erfahrungen in der Rekrutierung von Management- und Leadership-Positionen oft verdrängt. Man glaubt, dass Parteimitgliedschaft, Familienzugehörigkeit oder Protektion usw. ausreichen, um eine übergeordnete Verantwortung in einem Unternehmen zu übernehmen oder gar die integrative Gesamtverantwortung eines Konzerns. Fachliche Kompetenz wird in solchen Fällen negiert, die soziale Kompetenz vernachlässigt und ganz zu schweigen von den normativen charakterlichen Dimensionen. Dabei wird leicht vergessen, dass nur die handwerklichen Qualifikationen und Erfahrungen auf einem

Fachgebiet – als eine wünschenswerte »letzte Instanz« – grundsätzlich die Garantie und die Sicherheit für eine erfolgreiche Aufgabenerfüllung sind.

Ein Beispiel aus der Politik: Ein ehemaliger Bundesumweltminister sollte sich zur Vorbereitung eines Gesetzes für Auto-Abgaswerte bei einem Zulieferanten der Automobilindustrie informieren. Nach 15 Minuten unterbrach der Minister das Informationsgespräch mit der Begründung, ihn nicht zu fachkundig zu machen, sonst könne er nicht mehr politisch entscheiden.

Ein zweites Beispiel aus einem Familien-Unternehmen, das dem Autor berichtet worden ist: Ein junger Familienangehöriger sollte als frisch gebackener Diplom-Kaufmann einige Jahre kaufmännische Erfahrungen sammeln, um sich später für ein Aufsichtsrats-Mandat im Auftrag der Familie zu qualifizieren. Die angebotene Aufgabe, als »Edel-Trainee« in verschiedenen Bereichen (Finanzen, Controlling, Marketing) zu arbeiten, mit dem Abschluss eines persönlichen Assistenten des CEO, lehnte dieser Kandidat ab. Er besitze bereits 50 Mio. DM durch eine Schenkung seiner Eltern und erwarte eigentlich – ohne Ochsentour – eine Position als Direktor oder Geschäftsführer. Er wollte wohl mit einer eigenen Stradivari, ohne Geige spielen zu können, an einem Quartett oder als Solist mitwirken.

Wichtig zum Thema Disziplin ist die zeitliche Pünktlichkeit. Ein Musiker muss »mitzählen« und darf seinen Einsatz zeitlich nicht verpassen, sonst bringt er Rhythmus und Takt durcheinander.

Eine wichtige Erfahrung von Musikern ist, dass man bei Fehlern während einer Darbietung nicht angstvoll unterbricht oder panisch wiederholt, sondern ruhig und diszipliniert weiterspielt – möglichst wieder richtig –, denn die meisten Zuhörer merken die gemachten »Patzer« nicht. Für ein Leadership-Verhalten kann man bei etwaigen

Fehlern das gleiche disziplinierte Weitermachen empfehlen, bis zum vereinbarten Ende der zu leistenden Aufgabe. Das »Handtuch zu werfen« ist nicht so gut. Ein Beispiel aus einem Konzertbesuch der winterlichen Mozartwoche im Mozarteum Salzburg 2006 illustriert dieses mögliche Verhalten. Der Pianist András Schiff wurde durch heftiges Husten im Publikum stark gestört; er verließ plötzlich den Konzertsaal mit den Worten: »Wenn Sie ausgehustet haben, komme ich wieder«. Eigentlich müsste ein so berühmter und erfahrener Pianist so viel Disziplin und Gelassenheit besitzen, um auch ein unhöfliches Publikum zu ertragen.

Im Leadership-Verhalten ist es von Vorteil, wenn man auch in äußerst provozierenden Situationen, z.B. bei Vorstands-, Aufsichtsrats-Sitzungen, Hauptversammlungen, Verkaufsgesprächen usw. diszipliniert die Nerven behält und höflich bleibt. Hans L. Merkle (Bosch) hat seiner Führungsmannschaft empfohlen, stets höflich zu bleiben, denn »Höflichkeit sei eine der besten Waffen« im Umgang und signalisiere dem Gegner unerwartet Anstand, über den dieser oft verblüfft sei.

Zur Disziplin gehört auch die Etikette, das Verhaltens-Zeremoniell in der Musik: Wenn das Orchester, angeführt vom Konzertmeister, in den Saal kommt, applaudiert das Publikum, selbstverständlich auch, wenn der Dirigent zum Schluss das Pult betritt. Die Orchestermitglieder sind einheitlich festlich gekleidet, vom dunklen Anzug mit Krawatte über Smoking und Cut bis zum Frack. Der Dirigent kleidet sich entsprechend. Applaus wird üblicherweise nach Ende eines Konzertstückes – nicht nach jedem Satz – gespendet. Szenenapplaus ist nach virtuos gesungenen Opernarien üblich. Der Dirigent bedankt sich einzeln bei den ersten Pulten mit Handschlag und mit Winken aus der Distanz bei den Solisten der Bläser usw. Während früher nur die wichtigsten Personen im Konzert- oder Opernprogramm ausgedruckt wurden, werden heute alle Hierarchien und alle beteiligten Personen (mit Ausnahme der Reinigungsfrauen) veröffentlicht, was wohl mit den flachen Hierarchien und dem Betriebsrat zusammenhängt. Das Publikum kleidet sich meistens festlich, auch in Smoking und Abendkleid bei besonders festlichen Ereignissen, z. B. in Bayreuth oder Salzburg. Aber auch hier hat sich in den letzten Jahren die Etikette zum Negativen entwickelt. Bluejeans, Sweatshirts und Hemd ohne Krawatte werden nicht nur von Jugendlichen getragen, sondern oft von gegen die Etikette Provozierenden, was die festliche und heitere Einstimmung beschädigt. Es gibt allerdings eine sogenannte »Renaissance der Höflichkeit«[34], die aber nur langsam und nur in wenigen Gesellschaftsschichten wieder Einzug hält, mit dem Motto »Anstand ist klassenlos« (Klaus von Dohnanyi). In Management- und Leadership-Kreisen stehen die Teilnehmer einer Sitzung nur noch selten auf, wenn der Vorsitzende als letzter den Raum betritt. Das hängt wohl mit den abgeschafften Regeln der Höflichkeit in den 68er Jahren zusammen. Allerdings sind Höflichkeit und Etikette in diesen Gesellschaftsschichten stets beachtet worden, schon dem Wunsch nach sicherer Distanz zwischen Gleichgestellten und der Hierarchie folgend.

Für das Management ist es selbstverständlich, dunkle Anzüge und Krawatte zu tragen, wobei der Dress-Code von Unternehmen zu Unternehmen unterschiedlich ist und oft von den Personen in der ersten Reihe abhängt, meist vom Vorsitzenden. Der Aufsichtsrat ist meist legerer gekleidet. Adelige haben ihren spezifischen Dress-Code, oft jagdlich, vom Land- oder Stadt-Adel beeinflusst.

Applaus wird selten in Form von Klatschen gegeben, wenn überhaupt, dann – wie an Universitäten üblich – durch Klopfen auf den Tisch.

Eine wichtige Erkenntnis der musikalischen Disziplin ist das vorbildhafte Verhalten in Form und Inhalt der Kompositionen, die uns von so vielen berühmten Musikgenies geschenkt worden sind. An erster Stelle steht hier wahrscheinlich J. S. Bach, der in seinen Werken eine alles überragende Systematik von Fugen, Kontrapunkt, Symmetrien, Harmonien, Dissonanzen/Konsonanzen usw. zeigt, die zu einer Art »Grammatik« und »Rechtschreibung« für alle folgenden Komponisten geworden ist.

Das ist wohl auch der Grund für viele kreativ und geistig Schaffenden (Schriftsteller, Dichter, Maler usw.) aber auch für eine Reihe von Top-Managern, bei ihrer Arbeit die Musik von Bach als geistige Stimulation und Disziplinierung der Gedanken zu hören, z.B. bei der Vorbereitung von Vorträgen, Reden, Sitzungen usw. Die Vorgänge im Gehirn werden unerbittlich geordnet, angeregt, motiviert, diszipliniert und durch Synapsen angefeuert. Das Gedächtnis wird aktiviert, Erinnern und Vergessen werden harmonischer in ihrem Zusammenspiel. Der Autor hat dies immer wieder erlebt, wenn er die Interpretationen von Alfred Brendel, András Schiff oder Glen Gould hörte (Wohltemperiertes Klavier, Englische und Französische Suiten, zwei- und dreistimmige Inventionen, Goldberg-Variationen, Partiten u.a.) und dabei auch die Polyphonie der Zielgruppen berücksichtigen musste.

Im wirtschaftlichen Bereich ist *Zeit-Management*, der richtige und effektive Umgang mit der Zeit, ein wichtiges Merkmal der Leitung und Führung. In der oberen Ebene des Leadership ist Zeitdisziplin, der pünktliche Sitzungsbeginn, das Einhalten von vereinbarten Terminen, ein angemessener Zeitrahmen für Gespräche usw. eine Frage der Effektivität, aber auch des Anstandes, Vertrauens und Vorbildes.

Hat man einen disziplinierten Umgang mit der Zeit nicht im Griff, führt dies meist zu versäumten Chancen, aber auch zu stressigen Übereilungen, teuren Beschleunigungen und risikoreichen Entscheidungen.

ॐ ॐ

2.4. Richtiges Zusammenspiel durch vorbildliche fachkompetente Dirigenten und sozialkompetente Unternehmer

Wir *machen* Musik. Wenn wir z. B. *singen*, bringen wir als Laien einen Schalldruck von durchschnittlich 60 dB hervor, ein Opernsänger oder eine Opernsängerin schafft 75 dB.[35]

Warum lassen Vorstands- oder Aufsichtsrats-Chefs ihre Stimmen nicht professionell ausbilden, um im Zusammenspiel von Gremiensitzungen oder Hauptversammlungen akustisch besser verstanden zu werden (ohne Mikrofon)? Eine Ausnahme ist z. B. Dr. Dieter Vogel, der ehemalige Thyssen-Chef, der als Bariton ausgebildet ist. Wir wollen nun einige Kriterien eines guten Zusammenspiels ansprechen: Musik machen heißt natürlich nicht nur singen, sondern mit Instrumenten spielen und *musizieren lernen* (Solo, im Duo, Trio, Quartett, Quintett, Oktett oder Orchester). Eine Voraussetzung für ein Zusammenspiel ist die Beherrschung des Instrumentes. Die Anforderungen der Hörer im Publikum sind hoch. Die Musiker sollten gut (nicht schlecht) spielen, sie sollten richtig (nicht falsch) spielen, sie sollten während des Konzerts wie ein durchtrainierter Athlet Höchstleistungen bringen, sie sollten in Wettbewerben gewinnen usw. Wenn mehrere Personen zusammen musizieren, entsteht die Frage, ob dirigiert werden muss. Während es bei Kammerkonzerten scheinbar nur eine flache *Hierarchie* gibt in der Art einer dezentralen Selbstorganisation (meist »führt«

dennoch die Erste Geige), besitzen bei Orchesterkonzerten der Dirigent und sein Konzertmeister (wiederum der Erste Geiger) die Führungs-Autorität. In der Orchester-Hierarchie folgen die ersten Pulte der Streicher (Violine, Bratsche, Cello, Bass) und die Bläser – wie die Bereichsvorstände eines Unternehmens; das wird auch in der Sitzordnung sichtbar – wie in Management- und Leadership-Sitzungen. Hierzu gehört auch die Beobachtung, dass ein guter Dirigent mit der rechten Hand die Kontinuität des Taktes an das Orchester weitergibt, mit der linken Hand jedoch die Gestaltung, den Ausdruck des musikalischen Werkes. So berichtet die große Geigerin Anne Sophie Mutter am 4. April 2008 in einem WDR-Interview über Herbert von Karajan, der verlangte: »Die Technik muss sich dem Ausdruck unterwerfen« und dies stets als ein »Besessener der Musik« verwirklichte.

Besonders hohe Anforderungen an das harmonische Zusammenspiel werden an die Solisten in einem Streich-Quartett oder Streich-Quintett gestellt. Obwohl allgemein die Ansicht besteht, dass es sich hierbei um ein demokratisches Zusammenspiel von gleichberechtigten Solisten handelt, besteht eine klare Differenzierung zwischen 1. und 2. Violine, der Viola (Bratsche) und dem Cello, die den Konzertbesuchern in den ersten Reihen sichtbar wird. So war am 10. September 2010 bei der Schubertiade in Schwarzenberg zu beobachten, dass im Hagen-Quartett der Cellist Clemens Hagen quasi dirigiert, mit den Augen, Kopfbewegungen, Verbeugungen und mit dem Bogenstrich. Wenn das Hagen-Quartett durch einen zweiten Cellisten (z. B. den berühmten Heinrich Schiff) zu einem Streich-Quintett erweitert wird – beim Streich-Quintett C-Dur, D 956, von Franz Schubert erforderlich – haben meine Frau und ich mit Freude den »Hahnenkampf« zwischen Clemens Hagen und Heinrich Schiff erlebt, beginnend damit, dass Clemens Hagen selbstverständlich den besseren Platz vorne auf dem Orchesterpodium eingenommen hatte und deutlicher als sonst »dirigierte« und den Außenseiter-Gast zurückdrängte.

Ein ähnliches Erlebnis verschafft dem Konzertbesucher das berühmte amerikanische Emerson String Quartett. Da die beiden Violinen und die Viola stehend spielen, hat der Cellist David Finckelstein ein eigenes Holz-Podium, sodass er mit seinen Partnern »auf gleicher Augenhöhe« spielen kann. Sein Platz ist fokussiert in der Mitte, was ihm schon rein optisch zum koordinierenden und »dirigierenden« Solisten kenntlich macht, was er auch deutlich nutzt.

Der Dirigent Michael Gielen[36] beschreibt die differenzierenden Handbewegungen eines Dirigenten so: »Die rechte Hand ist die Hand des Willens, die linke die des Gefühls. Das bedeutet, dass mit einer Hand taktiert wird, mit der anderen modelliert. Der Schlag der rechten Hand soll die korrekte Taktfigur zur Orientierung der Musiker zeigen, die Lautstärke und die Qualität des Einsatzes, weich oder hart; die Linke vermittelt Zurückhaltung oder Anfeuerung, Einsätze, wohl am wichtigsten das piano, das Dämpfen.« Ist das nicht eine harmonische Beschreibung der Doppelstrategie im Management oder Leadership?

Was ist nun die zentrale Aufgabe und Funktion eines Dirigenten? Michael Gielens Antwort: »Er agiert durch ausführende Musiker, er muss andere Menschen beeinflussen und versuchen, das zu tun, was er für richtig hält. Der Dirigent soll seine Hingabe an die Kunst vorleben. Solch ein Vorbild zu sein, ist das Gegenteil jeden Karrieredenkens und auch das Gegenteil jeder Effekthascherei.« Und weiter: »Der Dirigent ist nicht denkbar ohne die Musiker, die er leiten soll, das Orchester. Dieses besteht aus hochspezialisierten Profis, die durch ihre Erziehung, ihren Werdegang Musiker geworden sind, nicht anders als der Dirigent selber.«[37]

Und schließlich ein mahnender Hinweis, der oft auch in Leadership-Kreisen oft zu wenig beachtet wird: »Ein Dirigent sollte nie vergessen, dass es Orchester gibt, die ohne

Dirigenten spielen, dass man aber noch keinen Dirigenten gefunden hat, der ohne Orchester Konzerte geben kann.«[38] Wie stark die Abhängigkeit des Dirigenten vom Orchester sein muss, illustriert folgende bekannte Geschichte über Herbert von Karajan: Die Berliner Philharmoniker waren mit einer Personalentscheidung, die Karajan getroffen hatte, nicht einverstanden. Der Sprecher des Orchesters soll Karajan mit den Worten gedroht haben:»Wenn Sie diese Entscheidung nicht ändern, spielen wir in Zukunft so, wie Sie dirigieren.« Eine harmonische Erpressung ohne Streik.

Das erinnert an die bekannten Machtspiele in mitbestimmten Unternehmen, wo der Vorstandsvorsitzende und sein Arbeitsdirektor oft populistisch handeln, um bei der nächsten Verlängerung ihres Vorstandsvertrages nicht zu verlieren.

🕂 🕂

Die Parallelen aus der Musik zum *Zusammenspiel* in wirtschaftlichen und politischen Organisationen sind leicht nachzuvollziehen. Wir nutzen auch die heilige Zahl 5 aus den frühen Zeiten der Musik, wenn wir die »Quint-Verwandtschaften« der Harmonielehre (Quintenzirkel, Quintenspirale) und das Zusammenspiel im Quintett zeigen. Die Quinte als das Verhältnis von 3:2 (60:40) in der Harmonielehre ist gleichzeitig eine Brücke zum »Goldenen Schnitt« ästhetischer Proportionen. Der berühmte Cellist Mstislav Rostropovich hatte in einem Interview interessanterweise den Aufbau der Fugen und Cello-Solosuiten von J.S. Bach musiktheoretisch mit dem ästhetischen Prinzip des Goldenen Schnitts verglichen. Das Prinzip ist auch bei Haydn oder Bartók zu erkennen.

Ein metaphorischer Denkansatz ist auch der musiktheoretische Ausdruck *Ligatur*, also der verbindende »Bogen« zwischen den Noten, im Zusammenhang mit den Bindekräften im Leadership-Verhalten zu erwähnen. Was hält ein Unternehmen zusammen? Welche Bindekräfte gibt es?

Für das Zusammenspiel in einem Kammerkonzert oder zum Erfolg eines Liederabends gehört es, dass die Gesangs-Virtuosen von einem einfühlsamen Pianisten begleitet werden. Der Liedbegleiter muss sich dienend dem Sänger/der Sängerin unterordnen; er sollte diese Virtuosen mit der entsprechenden Demut indirekt führen, die Einsätze andeuten usw., aber keineswegs mit Dominanz lautstark überragen. Die Hauptstimme bleibt beim Gesang, die Nebenstimme beim Piano, dann wird das Zusammenspiel harmonisch. Berühmte Liedbegleiter sind z.B. Gerald Moore oder Andreas Staier.

Jeder Vorsitzende in der Leadership-Architektur benötigt ein loyales Team mit einer treuen Sekretärin und mindestens einem Kollegen, der wie ein »Getreuer Eckart« (Goethe) hilfreich »die Bälle zuspielt«. In der Musik kann ein schlechter oder illoyaler Begleiter jedem noch so berühmten und tüchtigen Liedersänger boykottierend schaden. Das Gleiche gilt im Management und Leadership, wenn ein bisher loyaler und treuer Kollege oder Assistent beginnt, Intrigen zu Lasten der Führungsspitze zu spinnen. Aus einem bisher »getreuen Eckart« kann – z.B. durch Korruption – leider schnell ein »treuloser Jünger« und »Judas« werden.

Die Fähigkeit zum Zusammenspiel wird auch beim Chorgesang besonders deutlich. So hat es z.B. Helmut Rilling vorbildlich geschafft, die Gächinger Kantorei zu einem der erfolgreichsten Chöre zu formen. In japanischen Unternehmen wird häufig eine Firmenhymne gesungen, um das Zusammenspiel und die Zusammengehörigkeit zu stärken.

Warum schreiben viele Komponisten in ihren Kompositionen Wiederholungen vor? Sicherlich nicht, um den zeitlichen Ablauf zu erweitern, sondern wohl zum besseren Einprägen der Melodie, der Haupt- und Nebenstimmen.

Im politischen und wirtschaftlichen Leadership-Verhalten ist die *Redundanz* ein wichtiges Mittel, um die vorgetragenen Botschaften nachhaltig in das Gedächtnis der Adressaten einzuprägen. Man erklärt zu Beginn, was man sagen wird, man sagt es dann im zweiten Teil, dem Hauptteil, und zum Schluss fasst man die Botschaft noch einmal wiederholend kurz zusammen. So wie es ein Komponist mit seinen musikalischen Themen macht, die dann oft zu einem »Gassenhauer« oder »Ohrwurm« werden.

Schließlich noch eine musikalische Metapher – der Tanz. Am französischen Hof Ludwig XIV. bildete das Menuett (von »menu pas« = kleine Schritte) nach Courante und Gavotte den Schluss der Tanzfolge. Als Paartanz mit hoch stilisierten Figuren wurde es im 19. Jahrhundert am Anfang eines jeden Balls getanzt. Heute wird Menuett z. B. von den jungen Debütantinnen und Debütanten zu Beginn des Wiener Opernballs getanzt, wobei gutes Taktgefühl, verständnisvoller Rhythmus und gute Manieren wichtig sind. Sie haben auch gelernt, dass man z. B. Walzer und Foxtrott nicht gleichzeitig tanzen kann, was Wirtschaftler und Politiker oft in ihren Positionen vergessen. So hofft die CSU auch, dass mit dem »Tanzmeister Seehofer«[39] schon bald wieder die Losung »alles Walzer!« ertönt.

Der Opernball wird auch von Managern und Unternehmern besucht, die dann ihre guten Manieren (Kleidung, Höflichkeit, Taktgefühl) zeigen. Diese spätestens seit dem Wiener Kongress eingeübten Manieren sind wieder gefragt, um das Verhalten als eine Art »Schmiermittel« zu erleichtern.

Ein Prinz aus dem äthiopischen Herrscherhaus, Asfa-Wossen Asserate, hat mit seinem Buch *Manieren*[40] einen guten Beitrag dazu geleistet. Der Autor des vorliegenden Essays hat anlässlich seiner Pensionierung (2000) seinen Freunden und Feinden das Buch von Adolph Freiherr Knigge, *Über den*

Umgang mit Menschen geschenkt – angeregt und bestätigt durch Hans L. Merkle –, mit dem schon immer bestehenden Wunsch nach einem besseren Ansehen des Managements. Hans L. Merkle, der langjährige Mentor des Autors, hatte ihm dieses Buch als Weihnachtsbuch zur Jahreswende 1999/2000 gegeben, mit folgendem Kommentar: »Die Gelassenheit, zu der uns Knigge rät, wünsche ich denen, die, jenseits aller Geschäftigkeit, zum *Umgang mit Menschen* greifen.«

Ein äußerer Impuls, musikalische Prinzipien in diesem Essay vorzustellen, mag u. a. Justus Frantz gewesen sein, Pianist und Chefdirigent der Philharmonie der Nationen, der nicht nur Reinhold Würth als Mentor gewonnen hat, sondern auch die emotionale Begeisterung durch klassische Musik in Zusammenhang mit Management in seinem Buch *Virtuos führen*[41] kommuniziert. Als mehrjähriges Mitglied des Kuratoriums von Justus Frantz habe ich selbstverständlich auch das »gut gemeinte« Finanz-Management von Musikern kennengelernt, wozu allerdings stets freundschaftlich verbundene Sponsoren, z. B. Würth oder Montblanc notwendig sind.

Die innere Motivation für die hier vertretene Musikmetaphorik ist unsere Überzeugung, dass nicht nur das »Rational-Choice«-Denken das Leadership-Verhalten bestimmen sollte, sondern komplementär auch eine von Emotion und Humanität gesteuerte Haltung, die in der Kunst, insbesondere der Musik, aber auch in Normen der Moral ihre Wurzeln hat. Unser Freund Knut Bleicher ist z. B. auf diesem richtigen humanen Weg mit seinem St. Galler Management-Konzept[42]. Allerdings muss darauf hingewiesen werden, dass es auch in der Ästhetik ein Ökonomie-Prinzip gibt. So sollen ästhetische Wirkungen dadurch entstehen, dass die wahrgenommenen Kunstobjekte (Musik, Malerei etc.) bei einem Minimum von Energieaufwand in Wahrnehmung und Verstehen ein Maximum von Lust und Begeisterung hervorrufen. Kraftsparende Merkmale seien vor allem Einheitlichkeit, Proportion, Rhythmus, Symmetrie und Harmonie. Wir versagen uns jedoch, weiter in diese psychologische Ästhetik einzusteigen[43].

2.5. Demut vor genialen Komponisten und glaubwürdigen, einfühlsamen Unternehmern

Leadership kann eine wichtige Erkenntnis für das Verhalten aus der Erfahrung mit Musik gewinnen: ein demütiges Fühlen, Denken und Handeln.

Wir haben zu Beginn unseres Essay-Fragmentes bereits einige *Demütigungen* aufgezählt, die das Ansehen von Managern beschädigen. Der Begriff Demütigung als eine tiefe, beschämende Kränkung, hängt semantisch mit Demut zusammen. *Demut* wird allgemein als Liebe, Bereitschaft und Gesinnung zum Dienen, als tiefe Bescheidenheit und Ergebenheit verstanden.[44] In der Demut akzeptiert der Mensch seine eigenen Grenzen; sie ist Ausdruck von der Würde des Menschen.

Hans L. Merkle, ehemaliger Vorsitzender der Geschäftsführung und später Aufsichtsratsvorsitzender der Robert Bosch GmbH, hatte in seinem Vortrag *Dienen und Führen*[45] aus Anlass des 60. Geburtstages von Wilfried Guth am 10. Juli 1979 in Frankfurt am Main als These herausgestellt, »dass Dienen und Führen keine Gegensätze sind – weder historisch noch zukunftsbezogen –, dass vielmehr die Führungseignung aus der Bereitschaft zum Dienen hervorgeht, dass Führen eine besondere Kategorie des Dienens ist ...«. Und er sagte abschließend einige Worte, die nach wie vor – insbesondere in der aktuellen Finanzkrise 2008/2009 – gelten: »dass bei der Führungsauswahl – wenn die fassbaren Bedingungen der Qualifikation erfüllt sind – der Charakter, genauer gesagt die Charakterhaftigkeit vor der professionellen Perfektion Vorzug genießen. Ich schlage an dieser Stelle den Bogen zu meiner Auslegung des Begriffs Dienen: die Bereitschaft zur Unterstellung unter eine Idee – anstelle des Willens, diese Idee zu beherrschen.«

- Beim Musizieren als Solist oder im Zusammenspiel in Kammer- oder Orchesterkonzerten lernt man Demut vor den Komponisten (Bach, Mozart, Beethoven, Schubert usw.). Aber Demut entsteht auch beim Zuhören von großen Vorbildern (Alfred Brendel, Lang Lang, Mstislav Rostropovich, Andreas Schiff usw.). Vergleicht man seine eigenen Leistungen beim Üben und Vorspielen mit ihnen, wechselt die eigene Einschätzung schnell von Stolz zu Demut.

Solisten bzw. deren Manager verhandeln oft mit Nachdruck und Mut entsprechend über die *Gage*. Die großen »Drei Tenöre« haben, so sagt man, für einen Fernsehabend jeder 1.000.000 DM und mehr erhalten. Luciano Pavarotti erhielt zu seinen Glanzzeiten pro Opern-Auftritt 50.000-100.000 DM plus Zurverfügungstellung eines stets gesattelten Reitpferdes, was der Autor aus seiner mehrjährigen Zugehörigkeit im Vorstand der Staatsoper Berlin in den 80er Jahren kennen gelernt hat.

Man kann sich in diesem Zusammenhang den Hinweis auf die Gagen der heutigen Fußballstars nicht verkneifen, die in Millionenhöhe – oft im zweistelligen Bereich – liegen, ohne dass die Neidgesellschaft dies beanstandet.

Ganz anders und negativ werden die sog. »Managergehälter« bewertet. Es hat in der Vergangenheit, vor allem bei Investmentbanken, unanständige Auswüchse gegeben, die wahrscheinlich auch durch den Anreiz hoher Prämien, Aktienoptionen und überhöhten Renditeerwartungen von 25 % zum Eingehen von überhöhten Risiken geführt haben. Die meisten Schuldigen und Unanständigen sind identifiziert und sollen hier nicht wiederholend angesprochen werden. Aber ist es nun richtig, für alle Mitglieder von Management und Leadership gesetzliche Regelungen mit demütigenden »Deckelungen« einzuführen, die von den bisherigen Ordnungsprinzipien der Marktwirtschaft zur Staatswirtschaft führen? Wir sind selbstverständlich der Auffassung, dass die Ausdehnungen des Verständnisses von »Laisser-faire« wieder moralisch vertretbar begrenzt werden müssen. Aber das bisherige liberale Verständnis der sozialen Marktwirtschaft sollte doch erhalten bleiben und nicht wegen der Finanzkrise und der damit verursachten zahlreichen staatlichen Schutzschirme und Rettungsfonds zu einer übereilten und überzogenen Regulierung (einschließlich »Enteignung«) führen – möglicherweise aus wahltaktischen und neidgesellschaftlichen Gründen in der deutschen Neidgesellschaft –, mit dem Ziel einer »demokratischen« Staatswirtschaft (von Wladimir Putin sagt man, dass er diplomatisch gekonnt in diesem Zusammenhang von einer »gelenkten Demokratie« gesprochen haben soll).

Das Management sollte demütiger werden, aber mutig weitere Demütigungen abwehren.

Abschließend zum Thema Demut noch zwei Ereignisse aus der Bankenwelt im Vergleich zur Musik. Musiker, und hier vor allem Virtuosen, verhalten sich meist demütig gegenüber ihrem applaudierenden und zahlenden Publikum. Auf alle Fälle zeigen sie sich wenigstens höflich nach außen in Demut, auch wenn sie sich manchmal (hochmütig) über ihr Publikum oder Kritiker ärgern, von denen ihre berufliche Zukunft abhängig ist.

Anders ist dieses Demutsverhalten bei einzelnen mächtigen Banken und deren Bankiers, die man in diesem Fall »Banker« nennen sollte, zu beobachten. Ein eklatanter Verstoß gegen alle Regeln der Anständigkeit und eines zu erwartenden Schuldbewusstseins ist die am 30. Januar

2009 bekannt gewordene Bonus-Zahlung von 18,4 Milliarden Dollar an der »Wallstreet«, die zuvor von der amerikanischen Regierung einen hohen Milliarden Dollar-Betrag als Rettungsschirm erhalten hatte. Eine solche Haltung ist ein wiederholter »Coup« der Unanständigen, die leider alle Anständigen mit in den Sog der Verachtung und des Ansehens-Verlustes ziehen. Es gibt natürlich eine Reihe von Argumenten für diese »bestürzende« (*FAZ*) Bonuszahlung, wie sie Lucian Bebchuk, der Harvard-Professor bezeichnet[46], die eigentlich normalerweise gute Leistungen belohnen und dem Halten von Key-Managern dienen, aber zum jetzigen Zeitpunkt in der schwierigsten Finanzkrise seit 1929 weder nachvollziehbar sind, noch als gerecht – auch in der relativ neidlosen Leistungsgesellschaft der USA – empfunden werden. Barack Obama greift zu Recht diese falsche »Wallstreet«-Entscheidung an, die nicht zu seiner »Mainstreet«-Politik passt. Aber offensichtlich ist die Finanzwelt in USA immer noch mächtiger als die Politik, zumal jeder neue Präsident erst in Stufen das Vertrauen zu seiner Macht und damit seine effektive Autorität und Kompetenz – über die aktuelle formale Autorität hinaus – erwerben muss. Das ist in der Leadership-Welt – ob politisch oder wirtschaftlich – die harte unerbittliche Regel.

Josef Ackermann sagte – wohl aus seiner Pianisten-Erfahrung – bei der Veröffentlichung des erstmaligen Verlustes der Deutschen Bank AG (3,9 Milliarden Euro für 2008) in »vier Worten der Demut«, wie das *Handelsblatt* vom 15. Januar 2009 zitiert: »Wir sind sehr enttäuscht.« Das wird sicherlich als guter und richtiger Neubeginn einer weiterentwickelten und erstarkten Führungskultur gewertet, wie sie Altvordere im Vorstand der Deutschen Bank vorbildlich gelebt haben, z. B. Hermann Josef Abs oder Alfred Herrhausen. Diese als »primus inter pares«-Führenden verstanden ihr Verhalten als Vorbild für Glaubwürdigkeit, indem sie bei Siegen und Niederlagen Demut und Mut bewiesen und damit das sprichwörtliche hohe Vertrauen und Ansehen ihrer Bank als virtuelle Währung sicherten.

Josef Ackermann wird, anders als sein ursprünglich geplanter Übergang vom Vorstandsvorsitzenden zum Aufsichtsratsvorsitzenden, durch eine neue nachvollziehbare persönliche Entscheidungslage in November 2011 nun doch im Mai 2012 seine hoch erfolgreiche Karriere abschließen und in die Geschichte der Deutschen Bank eingehen – wie Hermann Josef Abs und Alfred Herrhausen.

2.6. Zusammenfassung des Plädoyers, durch musikalische Tugenden ein Wiederentdecken der Unternehmer-Kulturen anzuregen

Da wir uns in diesem Essay in der Art eines Verteidigungsplädoyers als Entgegnung auf die öffentliche negative Meinung über Management und Leadership – also ein Plädoyer der Anklage – mit der Hilfe von Metaphern bewegt haben, ist es abschließend wahrscheinlich legitim, einzelne Fragmente der musikalischen Verteidigungsanträge zusammenzufassen und mit gutem und richtigen Leadership-Verhalten zu vergleichen. Ziel des Essays ist es, das negative Vor-Urteil in ein möglichst positives Vor-Urteil bzw. ein disjunktives Urteil (entweder – oder) zu verändern, um die große »Kohorte« von Anständigen von einigen wenigen Unanständigen nachvollziehbar abzugrenzen. Das soll mit einem »Transmitting«, einer Transformation oder – wie man es musikalisch ausdrückt – mit einer Transkription versucht werden.

Wir haben die wichtigsten Gedanken in folgender Tabelle zusammengefasst.

»Sachverhalt« im Sinne einer »Anklage«
Negative Vor-Urteile der Gesellschaft gegenüber Management und Leadership (Geldgier, Korruption, Machtmissbrauch, Untreue, Erosion von Glaubwürdigkeit/Vertrauen, sowie sozialer und normativer Kompetenzen) durch fehlende Trennung von einzelnen Unanständigen und Mehrzahl der Anständigen.

»Verteidigungs-Plädoyer«

»Antrags«-Ziele:

- Empathische Veränderung zu positivem Vor-Urteil
- »Remaking« der Leadership-Kultur

»Zeugen« als Vorbilder für Musik-Metaphern: Brendel, Gielen, Harnoncourt, Küng, Moore, Rostropovich, Spitzer, Staier usw.	**»Zeugen« als potentielle Vorbilder für die Akzeptanz von Musik-Metaphern in ihrem Leadership-Verhalten (CEO's, AR-Vorsitzende und Unternehmer):** Abs, Ackermann, Dürr, Eychmüller, Leibinger, Würth, Scholl usw.
Musik-Metaphern als Tugenden	**Anständiges/unanständiges Verhalten von Management und Leadership**
Musikalische Einstimmung - Musikalische Wirkung auf Denken/Fühlen bei Freude, Trauer, Ehrung - Stimmen der Instrumente - Einstimmen der Musiker - Ersatz-Musiker und –Instrumente	**Unternehmerisches Briefing** - Beeinflussung der Stimmung bei Amtseinführung/Verabschiedung, Staatsbesuchen, Kundenkontakten (Zapfenstreich, Beethovens Neunte, Salzburger Festspiele) - »Hall of Fame«, Wirtschaftsethik - Vor-Besprechungen - Briefing der Beteiligten vor Beschluss-Sitzungen - Verhinderungs-Stellvertreter, keine Tandem-Lösung
Harte Harmoniekultur - Dissonanz/Konsonanz - Dominante – Tonika – Oberdominante - Dirigieren - Ungewohntes spielen	**Angemessene unternehmerische Konsumkultur** - Mediator-Aufgabe - Macht-/Hierarchie-Architektur - Management/Leadership-Funktionen - Change Management

- Deutlichkeit und Transparenz, Verschleiertes
- Nur ein ein Dirigent
- Tempi als Dirigentenaufgabe
- Solisten und Erste Pulte
- Kadenzen eines Pianisten
- Zugabe einer Sängerin oder eines Pianisten

Disziplin in Tempi, Notation, Artikulation
- Zuhören/Gedächtnis
- Partitur verinnerlichen vor Konzert
- Üben/Einüben handwerklicher Professionalität
- Einschätzung eigener Fähigkeiten (Musikkritiker/Selbstkritik)
- Pünktlichkeit bei Einsatz/Taktgefühl
- Etikette in der Musik
- Diszipliniertes Weiterspielen bei »Patzern«
- Disziplin von Komponisten (J. S. Bach!)

Richtiges Zusammenspiel durch vorbildliche fachkompetente Dirigenten
- Wir machen Musik
- Flache und steile Hierarchien in Konzert-Organisation
- Körpersprache des Dirigenten
- Kein Dirigent ohne Orchester

- Regionale Differenzierung von Transparenz
- Zwei Sprecher/Tandem, Team mit Spitze (primus inter pares)
- Speed-Management
- Leader mit starkem Team
- Verstärkung einer Botschaft durch Vertiefung und schnelle Wiederholung
- Pauschale Leistungsvergütung

Disziplin in Timing, Realisation, Fokussierung
- Geduld/Selbsterziehung
- Entscheidungsvorlagen durcharbeiten vor Sitzungen
- Management-Handwerk erwerben
- Keine Selbstüberschätzung durch Verzicht auf Erfahrungen (Beispiele Minister und Familien- Trainee)
- Zeit-Management/Zeitdisziplin, Vermeiden von beschleunigtem Termindruck
- Renaissance der Höflichkeit (Anstand ist klassenlos)
- Diszipliniertes Durchhalten (»Und dennoch!«) Höflichkeit als »Waffe«
- Diszipliniertes und systematisches Denken/Nachdenken beim Hören von Musik

Richtiges Zusammenspiel durch vorbildliche Unternehmer mit sozialen Kompetenzen
- Wir machen Umsatz und Gewinn
- Trend zur flachen Hierarchie, aber verstärkte Aufsicht/Kontrolle
- Körpersprache der Führung
- Kein Leadership ohne Mitarbeiter

- Harmonielehre
- Ligatur
- Chorgesang
- Wiederholungen zum Einprägen
- Menuett, Gavotte (Tänze)
- Einfühlsame Liedbegleiter

Demut vor genialen, empathischen Komponisten

- Ästhetisches Ökonomie-Prinzip mit kraftsparenden Merkmalen der Einheitlichkeit, Proportionen, Rhythmus, Symmetrie und Harmonie
- Demut zur Musik

- Demut vor Publikum

- Demut vor Komponisten (Bach, Mozart, Beethoven, Schubert usw.) und Vorbildern (Stolz vs. Demut)
- Hohe Gagen für Solisten als Ausdruck von Freiheit und Leistung

- Codices of Conduct und Corporate Government
- Organisatorische und soziale Bindekräfte
- Firmen-»Hymnen«
- Redundanz als rhetorisches Prinzip
- Manieren als soziales »Schmiermittel«
- Stille »Getreue Eckart«-Manager

Demut vor genialen, glaubwürdigen Unternehmern

- Ökonomisches Prinzip: Verfall »Rational Choice« zugunsten von Sozial-Prinzip oder Eigennutz

- Demütigungen begrenzen Bereitschaft und Gesinnung zum Dienen und Bescheidenheit
- Demut vor Kreditnehmern und -gebern und Schuldbewusstsein der »Wallstreet«
- Demut/Hochachtung vor großen Unternehmer-Vorbildern mit Glaubwürdigkeit und Vertrauen

- Politische Einschränkung der marktwirtschaftlichen Freiheit durch staatlichen Zwang bei der Manager-Vergütung: Demut erzwingen/verordnen

---

»Beschluss« über ein positives Vor-»Urteil«

Es gibt zahlreiche Chancen, musikalische Tugenden (Metaphern) zur Verbesserung des Ansehens von Management und Leadership zu transformieren, um die Vor-Urteile positiv zu verändern und die Unanständigen auszugrenzen.

3. Reflexionen: Zwischenmenschliche Sensitivität der Führung und Empathie der Musik

U nser Plädoyer hatte die ehrgeizige und optimistische Absicht, Unternehmer bei einer selbstkritischen, emotionalen und rationalen Reflexion ihres Verhaltens zu helfen. Vielleicht gelingt es bei einigen Lesern, mittels der reflektiven Metapher des »Spiegels« bzw. des »Sich-Spiegelns«, die erkannten negativen Merkmale der »professionellen Deformation« wieder »zurückzubewegen« (lat. reflectere), ohne eine aufgebende Niederlage durch Anpassung des Charakters, die Professor Richard Sennett[48] treffend »Corrosion of Character« nennt. Unser musikalisches Plädoyer für Harmonie, Zusammenspiel, Disziplin und Demut sollte in diesem Sinne musikalische Reflexionsbegriffe anbieten, um durch vernünftige und gefühlte Vergleiche zu Leadership-Begriffen Anregungen für eine Art erinnerndes Wiederentdecken von vergessenen menschlichen Verhalten zu geben, das nicht vorrangig den »homo oeconomicus« als Vorbild hat.

In den nachfolgenden Reflexionen wird ergänzend zum Verteidigungs-Plädoyer versucht, in weiter Auslegung den von Immanuel Kant genannten vier Paaren korrelativer Reflexionsbegriffe »Einheit und Verschiedenheit«, »Einstimmung und Widerstreit«, »Inneres und Äußeres« und »Materie und Form«[49], einige vergleichende musikalische und ästhetische Gedanken anzubieten. Das aktuelle Beispiel »Code of Conduct« der Bosch-Gruppe veranschaulicht erstens, wie potenzielle soziale Defizite durch eine stark ethisch bestimmte Unternehmensführung ausgeglichen werden (3.2.).

Thomas Mann hat bekanntermaßen – zweitens – die Wirkung musikalischer Tugenden in den »Buddenbrooks« literarisch verewigt. (3.3.).

Die Musikredakteurin Karin Klopfer schildert – drittens – praxisnahe, wie man beim einfühlsamen Dirigieren führen lernen kann (3.4.). Ein Dialog über »Leadership und Musik« (3.1.) und eine Vortragskonzeption (3.5.) des Autors mit dem Musikpädagogen Thomas Schuld dienen – viertens – dazu, die Reflexionsbegriffe näher zu beleuchten.

Eine kritische Betrachtung über »Musik und Performance« wird – fünftens – Grenzen und Entgrenzungen von Musik als Instrument der Empathie aufzeigen.

Schließlich wird ein Fazit der Reflexionen – im Sinne eines »Essays«, eines Versuchs – gezogen werden, welches aus zwei synergetischen Teilen besteht. Zum einen aus dem Empathie-Modell der Kammerkonzert-Form (Beispiel Schubertiade) und zum anderen aus dem scheinbaren Paradoxen der »Entweder-Oder«-Logik eines »homo economicus« gegenüber der »Sowohl-als-auch«-Logik eines »homo empathicus«.

3.1. Mögliche Sensibilisierung der Führungs-Kultur durch musikalische Tugenden

Gespräch mit dem Musikpädagogen Thomas Schuld

HANS U. BRAUNER: Sie haben meinen ersten Essay von 2009 gelesen, in welchem ich an musikalische Tugenden erinnere, um ein Resetting, eine Regeneration der in den letzten Jahren erodierten Leadershipkultur anzuregen. In einem Begleittext habe ich meine Leser gebeten, kritische und ergänzende Fragen zu stellen. Da Sie mich bisher praktisch und theoretisch vorbildlich seit 2004 in die Klaviermusik, vor allem in die Werke von J. S. Bach, eingewiesen haben, möchte ich Ihnen einige vertiefende Fragen stellen, die auch aus dem Leserkreis stammen. Ich habe z. B. den Eindruck gewonnen, dass die musikalische *Fuge* als Vorbild für die erwünschte Gleichheit der Stimmen eines Vorstands- oder Aufsichtsgremiums gegenüber der Öffentlichkeit dienen könnte.

THOMAS SCHULD: Mit der Fuge haben Sie die strengste und zugleich höchstentwickelte Kompositionsidee insbesondere innerhalb der polyphonen Musik angesprochen. Die Grundideen einer Fuge – die absolute Gleichberechtigung der Stimmen nicht nur hinsichtlich der thematischen Beantwortung, sondern auch der Weiterführung des Themas – Geschlossenheit des Fugenaufbaus – die bei aller Eigenständigkeit zu beobachtende Tatsache, dass jede Stimme stets im Dienste der Nachbarstimmen steht – können in der Tat als wunderbares Vorbild für das Auftreten bzw. die Arbeit eines Vorstands- oder Aufsichtsgremiums dienen.

BRAUNER: Ihre Einschätzung freut mich und bestätigt die Meinung zahlreicher Leser, die Musikliebhaber sind.

Wenn die Interpreten von mehrstimmigen Kompositionen einige Stellen nicht richtig spielen oder singen, z. B. durch Auslassen eines Taktes oder einige falsche Töne musizieren, kann dennoch die Harmonie erhalten bleiben? Oder müssen die Mitspieler und der Dirigent die *Misstöne* einfach ertragen, da die Zuhörer die geringfügige Disharmonie nicht hören bzw. als gewollte *Dissonanz* interpretieren? Sie merken, dass ich das polyphone Zusammenspiel von Vorstands- und Aufsichtsratsgremien musikalisch zu regenerieren versuche.

SCHULD: Durch kleine Vortragsfehler oder einige falsche Noten kann das harmonische Zusammenspiel unter der Voraussetzung erhalten bleiben, dass alle Musiker engagiert und mit musikalischer Einfühlung überzeugt auftreten.

BRAUNER: Ich schätze, das gehört zu den Fähigkeiten eines professionellen Musikschaffenden (Dirigent, Solist oder Orchestermitglied), ebenso wie es zum Kompetenz-Profil von Management und Leadership gehört, mit Fehlern umgehen zu können. Sei es ein unbewusstes oder inkompetentes Fehlverhalten – oder ein bewusst »live« eingesetztes Stilmittel, um die Aufmerksamkeit der Zuhörer zu testen, kleine menschliche Fehler sympathisch zu zeigen oder die Souveränität zu beweisen, wie man aus Fehlern lernen kann. Diese Einschätzung gilt wohl nur für kleine, verzeihbare Fehler, nicht für eklatante »Patzer«, insbesondere nicht im Managementbereich im Falle von Krisenverursachungen.

Ich habe gehört, dass sich im »Wohltemperierten Klavier« der Wechsel von *Dux* (Führer, Guide) und *Comes* (Gefährte, Conseguente) deutlich zeigen würde. Könnte man das auf das Managementverhalten anwenden?

SCHULD: Das Fugenthema als Träger der kontrapunktisch wichtigsten Form wird im Nacheinander durch alle beteiligten Stimmen geführt, erscheint zunächst als »Dux« in der Grundgestalt, im zweiten Themeneinsatz auf einer anderen Stufe – in wortwörtlicher Wiederholung oder tonartlich gebunden mit leichten Veränderungen – als »Comes«.

Bezüglich des Managementverhaltens mein Hinweis aus dem musikalischen Denken: Aussagen und Entscheidungen werden je nach Zusammenhang wörtlich oder leicht verändert (variiert) wiederholend vorgestellt, um hier die Klarheit der Grundaussage zu untermauern.

BRAUNER: Ihre Antwort gibt recht gut den Management-Aspekt wieder, an den ich gedacht habe. Der Vorstands- oder Aufsichtsratskollege gibt loyal und inhaltlich die Meinung des Vorsitzenden nach außen wieder, entweder wortwörtlich oder in eigener individueller Sprache, ohne Plagiat-Vorwurf. Könnte man Ihre Antwort so interpretieren?

SCHULD: Ja. Das ist meine Einschätzung.

BRAUNER: Fuge, lateinisch *fuga*, heißt doch »Flucht«. Im Leadership-Verhalten ist leider häufig ein Fluchtverhalten zu erkennen, vor allem die Flucht vor der Verantwortung z. B. als Zeichen von Angst. Wie sieht das in der »Fuga« aus, sind es da nur schnelle Bewegungen einer oder mehrerer Stimmen?

SCHULD: Die Fuge wird sehr wohl von dem lateinischen Substantiv *fuga* abgeleitet, bedeutet jedoch eine wohlgeordnete, aufeinander Rücksicht nehmende Organisation der Themeneinsätze, wobei das Nacheinander der Stimmen keine Flucht bedeutet, sondern ein aufeinander Abstimmen, Abwarten, Vorbereiten, Weiterführen. Die Themen sind in ihrer Linearität im Gegensatz zu den periodisch oder liedmäßigen Themen der Wiener Klassiker eher motivisch oder melismatisch (mehrere kleine Notenwerte auf einer Silbe) konzipiert und laden daher eher zu einem geordneten Miteinander ein. Im Übrigen sorgen beim fortlaufenden Eintritt des Themas die Kontrasubjekte (Gegensätze) für den rhythmischen und melodischen Gegensatz, damit wiederum für eine größere Geschlossenheit.

BRAUNER: Da habe ich in meine Frage offensichtlich zu viele oder falsche »Flucht«-Gedanken eingebaut. Aber Ihre Antwort mit dem Hinweis auf das Miteinander gefällt mir auch gut. Trotzdem bleibe ich bei meiner Hypothese bzw. Vermutung der *Flucht* aus der Verantwortung, allerdings ohne die musikalische Metapher *Fuge* zu verwenden. In der Musiktheorie der Fuge ist der Ausdruck *Engführung* zu finden. Was bedeutet das? Ich hatte dabei immer an die Engführung eines Pferdes mit dem Zügel gedacht.

SCHULD: *Engführung* ist ein schönes kunstvolles Kompositionsmittel bei Motetten und Fugen, wobei eine Stimme einsetzt, bevor die vorangegangene Stimme ihr Thema hat zu Ende führen können. In dieser thematischen Verdichtung besitzt die Fuge eines ihrer wichtigsten Steigerungsmittel, ist hier durchaus mit Ihrem Beispiel der Engführung eines Pferdes zu vergleichen.

BRAUNER: Ihre Deutung des Begriffs *Engführung* ist für meine Zwecke des Leadership-Denkens erfreulich stimmig. Besonders gefällt mir Ihr Hinweis auf die »Verdichtung« als Steigerungsmittel. Harmonisch für das Management-Verhalten klingt auch der Einsatz einer weiteren Stimme, bevor die vorangegangene Stimme geendet hat, also der Überlappungseffekt oder »Link«, wie man in der Kommunikationssprache sagt.
In einer Fuge gibt es doch die sog. *Umkehrung*, also die spiegelbildliche, symmetrische Umkehr, z. B. von Dur nach Moll. Im Verhalten von Politik und Wirtschaft ist dies leider ein bekanntes populistisches Vorurteil. Fällt Ihnen musikalisch ein positives Argument für die *Umkehrung* ein?

SCHULD: In der Musik bewirkt die *Umkehrung*, dass ein Thema bezüglich seines ursprünglichen Richtungsverlaufs eine konsequent gegenläufige Gestalt annimmt, wie in der Mathematik an einer imaginären Achse vorgenommen.

Dadurch erzielt der Komponist ein zusätzliches Spannungselement sowie einen Perspektivenwechsel.

Auch im Harmonischen erreichen die Umkehrungen eines Akkordes einen Wechsel: Harmonien verlieren ihren gewohnten Rahmen, ihre Grundlage, werden frei für andere harmonische Verbindungen. Eine Umkehrung im harmonischen Sinne bedeutet nicht einen Wechsel von Dur nach Moll, sondern eine Veränderung der Grundstellung eines Akkordes, d. h. im Bass erscheint nicht mehr der Grundton, sondern die Terz oder die Quint.

BRAUNER: Dass die *Umkehrung* kein Wechsel von Dur nach Moll ist, habe ich verstehen gelernt. Trotzdem bin ich erleichtert über Ihre Aussage, dass der ursprüngliche thematische Richtungsverlauf eine gegenläufige Gestalt annehmen kann. Ich kann also, ohne musikalische Grundsätze zu verletzen, meine spitzen Bemerkungen zu den üblichen 180°-Wendungen von Politikern (Beispiel Energiewende 2011) oder Managern wie bisher musikalisch freundlich interpretieren.

Bei einer Fuge erkennt man in der Regel die Erweiterung, die *Augmentation*, und die Verringerung, die *Diminution*. Ist das so gewollt oder sollte der Komponist nicht das ausgewogene *Mittelmaß* als richtiger empfinden, so wie das in Politik und Wirtschaft oft Programm ist? Ich denke da an Soziale Marktwirtschaft, Angemessenheit des Managereinkommens, »Ausgleichende Gerechtigkeit« (Sozialenzyklika *Caritas In Veritate* – 2009 – von Papst Benedikt XVI). Stets stellt sich die Frage nach »zu wenig und zu viel.«

SCHULD: Die systematische Vergrößerung bzw. Verkleinerung der Notenwerte des thematischen Materials ist ein probates Mittel, in einer Fuge nach einer ersten Durchführung – nachdem also das Thema einmal durch alles Stimmen geführt wurde – in einer weiteren Durchführung Belebungsmomente zu erzielen.

Ziel des großen Komponisten Johann Sebastian Bach war es niemals, ein gediegenes Mittelmaß zu erreichen, sondern mit allen kompositorischen Mitteln ein erhebendes, großes, leidenschaftliches und anrührendes Werk anzufertigen.

BRAUNER: Ich danke Ihnen für Ihr engagiertes Eintreten – am Beispiel von J. S. Bach – gegen das Mittelmaß. Das bestätigt meine Idealvorstellung von Vorbildern, welche eine »Exzellenz« anstreben und darstellen. Der leider mit negativen Vorurteilen behaftete Begriff »Elite« wäre für die außergewöhnliche Fähigkeit, Augmentation und Diminuition zu beherrschen, insbesondere im Konjunkturverlauf und in kritischen Risikosituationen.
Was versteht man unter einem *Cantus firmus* (kurz C. f.)? Und könnte man C. f. als Metapher für das Verhalten eines Vorsitzenden in einem Führungsgremium verwenden?

SCHULD: Unter dem C. f. versteht man seit dem 17. Jh. eine vorgegebene, in oft langen Notenwerten geschriebene, unveränderte Melodie, über die ein Chor- oder Instrumentalsatz angefertigt wird, der in seiner Eigenständigkeit stets im Dienste des C. f. steht, aber auch ohne ihn ein wertvolles Ganzes darstellt. Der C. f. seinerseits fädelt sich in das Gefüge ein und thront nicht erhaben als Alleinherrscher über der Komposition. Erklingende Dissonanzen erweisen sich nicht als störend, sondern belebend, sie lösen sich meistens auf.
Hier könnte der C. f. als schönes Beispiel aus der Welt der Musik für das Verhalten eines Geschäftsführers eines Unternehmens gelten.

BRAUNER: Mir gefällt der Ausdruck C. f. als Metapher besonders gut, nicht zuletzt, weil er eine feste Stimme – nicht schwächelnd und farblos – ausdrückt und Führungsanspruch erhebt, aber sich trotzdem mit Demut einfügt.

Ich habe gelesen, dass es in der Musik einen »wandernden« *Cantus firmus* gibt. Hat das etwas mit Dissonanzen zu tun?

SCHULD: Der »wandernde« C. f. wandert durch alle Stimmen und gelegentlich auch Tonarten, kann je nach Kompositionsidee und Epoche durchaus wie jeder C. f. Dissonanzen hervorrufen bzw. gewollt erzeugen. Aber auch hier gilt: Der C. f. steht im Dienste der Geschlossenheit und integriert sich wunderbar in das Gesamtgefüge.

BRAUNER: Mich erinnert Ihre Interpretation an die Verantwortungsträger in Politik (Kanzler/in oder Minister) und Wirtschaft (Vorstände, Geschäftsführer usw.), mit ihrer intensiven Reisetätigkeit (trotz elektronischer Kommunikationsmittel), um vor Ort – also »an der Front« – Präsenz zu zeigen, mit dem Ziel von Integration und Koordination der unterschiedlichen Interessen (Eigeninteresse, Kollektivinteresse, Gemeinwohl).

Was versteht man unter einem *Cantus fractus*? Ist darunter das Gegenteil von *Cantus firmus* zu verstehen?

SCHULD: Unter dem *Cantus fractus* versteht man seit dem Mittelalter die Rhythmisierung einer Choralmelodie, einer Melodie, die dann nicht mehr in gleichmäßigen Notenwerten verläuft. Hier meint man nicht das Gegenteil zum C. f., sondern eher eine etwas weniger majestätische Darstellung eines Themas.

BRAUNER: Also ein sparsamer – salopp ausgedrückt: »abgespeckter« – C. f. Das passt gut zur Krisensituation 2008/2009, einer existentiellen Umbruchsituation, in welcher die »Fokussierung« auf ein effektives Kerngeschäft (core business) angesagt ist.

Einige wichtige Fragen, die im Zusammenhang von Management und Musik noch abschließend zu stellen wären, betreffen die *Partitur*. Wenn man den Vergleich eines Dirigenten mit einem Vorsitzenden eines Vorstandes oder einer Geschäftsführung versucht, könnte man mit musikalischem Denken eine Partitur mit einem Unternehmensplan bzw. Business-Plan vergleichen.

Nach einem – etwas laienhaften – Blick in die rhythmische und metrische Koordination der Stimmen einer Partitur ist zu erkennen, dass die Töne der verschiedenen Instrumente in eine Ordnung gebracht werden, indem die Noten vertikal übereinander angeordnet sind. Der Dirigent kann, durch die Partitur graphisch geordnet, die harmonische Interdependenz, den genauen zeitlichen Ablauf und die termingerechten Einsätze der einzelnen Instrumentengruppen (Holzbläser, Blechbläser, Schlagzeug, Streicher) erkennen und auf diese Weise die Komposition von Anfang bis Ende richtig dirigieren. Zum Einüben bzw. für die Ausbildung eines Dirigenten gibt es m. W. einen sog. *Klavierauszug*, in dem eine komprimierte, auf das Wesentliche reduzierte Komposition dargestellt wird.

Warum dirigieren große Dirigenten (Herbert v. Karajan, Kurt Masur usw.) ohne Partitur auswendig? Warum spielen Dirigenten gleichzeitig ein Instrument, z. B. Klavier (András Schiff) oder Geige (Gideon Kremer oder früher Johann Strauß)? Es kam oder kommt oft auch vor, dass Komponisten ihre eigenen Kompositionen dirigieren (z. B. Mozart) und auch spielen. Ist das vorteilhaft oder nachteilig? Schließlich noch einige zusätzlichen Fragen: Was macht ein Dirigent, wenn ein Orchestermitglied falsch spielt oder unerwartet pausiert? Kann – umgekehrt – ein Orchester richtig spielen, wenn der Dirigent falsch dirigiert? Welche Verantwortung hat ein Dirigent für den unverwechselbaren, typischen Klang eines Orchesters (z. B. Wiener Philharmoniker)? Ist eine nachhaltige Prägung eines Orchesters durch einen Dirigenten möglich? In welchen Fristen? Wer entscheidet über Kontinuität und Innovation des bekannten »Sounds« eines Orchesters? Meine Fragen betreffen – wie leicht zu merken ist – den kritischen Vergleich zwischen

Partitur und Business-Plan, speziell die Grenzen des Dirigenten bzw. des Vorstandsvorsitzenden.

Ideal wäre – jetzt unternehmerisch gedacht –, wenn die einzelnen Teilpläne einer Unternehmensplanung hinsichtlich Produkte, Innovation, Markt, Auftragseingang, Umsatz, Investitionen, Personal und Finanzierung einem integrativen Ganzen überlegt und strategisch gepaart würden. Leider mangelt es manchmal an dieser Integration, da die einzelnen Bereichsverantwortlichen »bottom up« jeder für sich nach ihren dezentralen Interessen ihre Teilpläne den zentralen Stabsstellen (Corporate Planning) zur Konsolidierung abliefern und diese dort mühsam mit »zentralem Kitt-Verständnis« zusammengefügt werden. Besser könnte es sein, wenn »top down« mit Richtlinienkompetenz die wichtigsten Visionen und Strategien hinsichtlich Ertrag, Cash Flow usw. vorgegeben werden, um diese dann »bottom up« im richtigen abgestimmten Timing zukunftsfähig zu verifizieren, im Sinne einer guten Partitur. Hilfreich für das Verständnis von Adressaten wie Banken und Aufsichtsrat ist stets ein exzellentes und lesbares »Executive Summary« – im übertragenen Sinne eines knappen Klavierauszugs.

Wenn der Vorstandsvorsitzende selbst (in Engführung) für die wichtigsten Strategien und Maßnahmen als Autor oder Mitautor (als Komponist) – mit Hilfe seines Stabs und seiner Kollegen – zeichnen kann, wird er es wesentlich leichter haben, seine Pläne dem Aufsichtsrat oder den Aktionären sachkundig und überzeugend zu kommunizieren.

Ein wichtiger Vorteil gegenüber einem musikalischen Vortrag scheint zu sein, dass man im zeitlichen Ablauf eines Geschäftsjahres den Vorsitzenden (den Dirigenten), auswechseln kann und Fehler des orchestralen Instrumentariums (der Unternehmensstruktur und des Unternehmensprozesses), eher korrigieren kann als die falschen Töne eines Holzbläsers.

Vielleicht können Sie knapp die wichtigsten Ordnungsprinzipien einer Partitur erläutern, um meine Fragen und vermuteten Antworten musikalisch zu bestätigen oder zu korrigieren.

SCHULD: Zunächst ist Ihre Beschreibung des musikalischen Terminus *Partitur* völlig zutreffend. Die Aufgabe eines guten Dirigenten besteht nun darin, nicht nur den Verlauf der Einzelstimmen – übereinander angeordnet und mit senkrecht durchlaufenden oder unterbrochenen Ordnungsstrichen verbunden –, ihre Koordination und Zusammenklänge abzulesen, sondern – selbstverständlich nach einem intensiven Studium des *Klavierauszugs* – mit von einem rhythmischen Impuls getragenen führenden Gesten und einer gezielten Gebärdensprache die inneren Zusammenhänge, Strukturen, Bilder, Ausdruckskräfte, Spannungen, Aussagen einer Partitur mit Hilfe seiner musikalischen »Mitarbeiter«, den Orchestermusikern, herauszuarbeiten. Dabei handelt es sich um eine außerordentliche einfühlsame – empathische – *Mannschaftsleistung*: Der Dirigent entscheidet sich für eine aktuell möglichst beste Interpretation des Orchesterwerks, die – wie es Simon Rattle, der Dirigent der Berliner Philharmoniker einmal treffend zum Ausdruck brachte – niemals eine allgemeingültige bzw. wahrhaftige Lösung sein kann. In intensiven Arbeitsphasen versuchen nun die Musiker, sich dieser gemeinsamen Aufgabe zu stellen, sich der einmal gewählten Interpretation unterzuordnen, ein einmaliges und wunderbares Konzertereignis zu ermöglichen, auch wenn z. B. bei den Berliner Philharmonikern jeder Musiker in der Lage wäre, eine individuelle potentielle Interpretation vorzuschlagen. Unerwartetes Pausieren oder kleinere »Aussetzer« der Musiker werden angesichts der großartigen Vorbereitung und überzeugenden Ausführung niemals von Bedeutung sein.

Dirigenten dirigieren oftmals *auswendig*, um einen noch besseren Kontakt herzustellen, die qualitative Differenzierung bezüglich Dynamik, Akzenten, Farben durch die Einheit der feinen führenden Gesten noch deutlicher zu gestalten. Dabei können durchaus kleinere schlagtechnische Fehler passieren. Wichtig sind hier aber **Charisma**, der innere Impuls, die organische Bewegung, die deutliche Sprache und Hände und des Körpers, die Mimik, die Gebärdensprache, die Subtilität der Geste, um allen Orchestermusikern das nötige Feuer zu vermitteln, nach Herzenslust zu spielen, ein hinreißendes Musizieren zu ermöglichen. Einige sehr bedeutende Musiker wie Daniel Barenboim, Mstislav Rostropovich, András Schiff sind bzw. waren dirigierende Solisten. Ihre große Ausstrahlung, ihre Fähigkeiten, parallel zu ihrem Spiel mit eindeutigen Gesten und klaren Zeichen eine direkte Kommunikation mit dem Orchester herzustellen, bedeutete für sie als Solisten eine schnörkellose Möglichkeit der Realisierung ihrer musikalischen Vorstellung.

Große Orchester sind stets bemüht, ihren *unverwechselbaren Klang* durch die gezielte Auswahl der Dirigenten zu pflegen, welche dann eine große Verantwortung für die für ein Orchester typischen Klang übernehmen. Entscheidend und unverwechselbar sind z.B. die in allen Orchestergruppen gleichmäßig großartig besetzten ersten, zweiten und dritten Pulte, die ein Musizieren auf höchstem Niveau mit den besten Musikern garantieren, somit einen Gesamtklang erzielen, der weit über dem Durchschnitt liegt. (Berliner Philharmoniker, Wiener Philharmoniker). Die gleichmäßig hervorragend besetzten Instrumentalgruppen eines Orchesters sind die Voraussetzung für einen typischen Klang auf hohem Niveau. Besondere Schwerpunkte (Streicher bei den Wiener Philharmonikern, Bläser bei den großen amerikanischen Orchestern) ergeben dann die besonderen Merkmale. Eine für viele Jahre nachhaltige Prägung eines Orchesters ist nicht innerhalb eines relativ kurzen Zeitraums möglich. Hier muss eine über viele Jahre erfolgreiche Zusammenarbeit die Grundlage sein. Im übrigen dürfen wir nicht vergessen, dass von einem *guten Dirigenten* nicht nur eine Vertrautheit mit den Stilen verschiedener Epochen und Komponisten, sondern auch ein ausgeprägter Sinn für musikalische Analyse, Klangfarben, Fähigkeit in Menschenführung, Organisation, Programmgestaltung, interessante und motivierende Probenarbeit, Spontaneität, Koordination und Regie (Theaterdirigent) verlangt wird, Qualitäten, die ein jahrelanges kontinuierliches höchst effizientes Musizieren garantieren. Auszumerzende Fehler, nicht leicht zu behebende Mängel des orchestralen Instrumentariums liegen hier weniger im Bereich der falschen Töne als in der qualitativ ungleichmäßigen Besetzung der Pulte bzw. Instrumentengruppen (Holzbläser, Streicher, Blechbläser, Schlagzeug).

BRAUNER: Unser Gespräch, für das ich herzlich danke, hat gezeigt, dass musikalische Ordnungsprinzipien und musikalische Tugenden versuchsweise zu Anregungen für eine veränderte Leadership-Kultur führen können. Wir zitieren in diesem Sinne abschließend den berühmten Pianisten Alfred Brendel aus seinem Essay *Vom Umgang mit Flügeln*: »Es gibt keine schlechten Klaviere, nur schlechte Pianisten.«⁵⁰ Könnte man diese Vermutung – diese Hypothese als offen bleibende Frage – in einem übertragenen Sinn auf Leadership und Management übertragen?

3.2. Moralische Reifegrade von Unternehmensführung: »Code of Conduct« der Bosch-Gruppe

Zu dem *Code of Conduct* wird erfreulicherweise ein historischer Anspruch von Robert Bosch d. Ä. aus dem Jahre 1921 zitiert, in dem er, der als damaliger Patriarch, der »Vater Bosch« genannt wurde, zur Anständigkeit seiner Geschäftsführung aufgerufen hatte, damals noch *Jenseits der Gier*[51] und ohne Angst davor – *Wie uns die Gier ruiniert*[52]: »Eine anständige Art der Geschäftsführung ist auf die Dauer das Einträglichste, und die Geschäftswelt schätzt eine solche viel höher ein, als man glauben sollte.«

Nachfolgend werden aus dem *Code of Conduct* (Robert Bosch GmbH) als Auszug die im ersten Abschnitt genannten »Grundsätze rechtmäßigen Verhaltens« aufgezeigt. Der Autor zitiert diese vorbildlichen und praxisnahen Grundsätze in seiner alten Verbundenheit (als ehemaliger Leitender, 1969–1979) und in loyaler Verehrung der ehemaligen Vorsitzenden der Geschäftsführung, der Herren Prof. Dr. Hans L. Merkle, Dr. Marcus Bierich und Prof. Dr. Hermann Scholl:

Präambel:
Die unbedingte Beachtung gesetzlicher Vorschriften ist für unser Unternehmen seit jeher oberstes Gebot und auch Bestandteil der Bosch-Werte. In zahlreichen Richtlinien und Anweisungen ist geregelt, wie vorgenannte Vorschriften einzuhalten sind. Deren wesentliche Inhalte sind in diesem Code of Business Conduct zusammengefasst, um den Mitarbeitern die Einhaltung der Vorschriften zu erleichtern. Die in diesem Code of Business Conduct enthaltenen Regelungen finden im Verhältnis zwischen der jeweiligen Gesellschaft der Bosch-Gruppe und ihren Mitarbeitern Anwendung, Rechte zugunsten Dritter sollen damit nicht begründet werden.

1. Grundsätze:
Gesetzestreues Verhalten: Wir vertreten den Grundsatz strikter Legalität für alle Handlungen, Maßnahmen, Verträge und sonstigen Vorgänge der Bosch-Gruppe; dazu

gehören auch die Zahlung geschuldeter Steuern, die Einholung erforderlicher behördlicher Zustimmungen (zum Beispiel im Bereich des Zoll- und Exportkontrollrechts) und die Beachtung von Rechten Dritter. Dieser Grundsatz beruht nicht nur auf der Überlegung, dass bei Verstößen erhebliche geschäftliche Nachteile durch Strafverfolgung, Bußgelder oder Schadensersatzansprüche entstehen können; wir bejahen vielmehr das Prinzip des ausschließlich legalen Handelns unabhängig davon, ob daraus für die Bosch-Gruppe ein Nutzen entsteht oder nicht. Jeder Mitarbeiter ist persönlich für die Einhaltung der Gesetze in seinem Arbeitsgebiet verantwortlich. Es ist strikt untersagt, Dritte zu ungesetzlichen Handlungen zu veranlassen oder wissentlich an solchen Handlungen mitzuwirken. Abweichendes Handeln führt – unabhängig von gesetzlich vorgesehenen Sanktionen – zu disziplinarischen Konsequenzen. Die Führungskräfte sind dafür verantwortlich, dass in ihren Verantwortungsbereichen keine Verstöße gegen gesetzliche Regelungen oder diesen Code of Business Conduct geschehen, die durch angemessene Aufsicht hätten verhindert oder erschwert werden können; sie haben deutlich zu machen, dass Gesetzesverstöße missbilligt werden und ungeachtet der hierarchischen Stellung der Mitarbeiter im Unternehmen zu disziplinarischen Konsequenzen führen. In diesem Zusammenhang sind die Mitarbeiter auf die Regelungen dieses Code of Business Conduct ausdrücklich hinzuweisen.

Verantwortung für das Ansehen der Bosch-Gruppe: Alle Mitarbeiter haben bei der Erfüllung ihrer Aufgaben auf das Ansehen der Bosch-Gruppe zu achten.

Verhalten gegenüber Mitarbeitern: Wir respektieren und schützen die persönliche Würde jedes Einzelnen. Wir dulden keine unzulässige Diskriminierung oder Belästigung unserer Mitarbeiter. Wir lehnen Kinderarbeit ab, auch bei unseren Geschäftspartnern.«

Kodifizierte Verhaltens-Regeln für die Bosch-Gruppe wurden m. W. erstmals 1972 von Hans L. Merkle in Form eines »Legalitätsbriefes« an alle Leitenden (Direktoren der Zentral- und Geschäftsbereiche) adressiert und von diesen gegengezeichnet. Dieses traditionelle gesetzestreue und rechtmäßige Verhalten ist in dem aktuellen »Code of Conduct«, der nicht nur für die Leitenden, sondern jetzt für alle Mitarbeiterinnen und Mitarbeiter gilt, vertiefend und ausführlicher im Sinne eines neuen »Compliance Managements« wiederzufinden; die von den Herren Franz Fehrenbach (Vorsitzender) und Wolfgang Malchow von der Bosch-Geschäftsführung veröffentlicht wurden (Ausgabe 2007).

Im Zusammenhang mit dem Beispiel Bosch ist es nützlich, auf die im Essaytext zitierte *Integre Unternehmensführung* von Peter Ulrich und Thomas Maak (2007) hinzuweisen, die auf dem Forschungsprojekt *Integrity Tools – Bausteine für verantwortungsvolles Wirtschaften* beruht. In deren Forschungsergebnis gehören die Erkenntnisse über »Entwicklungsstufen der individuellen Moral« von Opportunismus, Egoismus, Good Boy / Nice Girl, Law&Order, Vertrag, bis zum Universalismus und Care-Ethik.[53] Parallelen dazu sind da die »moralischen kollektiven Reifegrade von Unternehmen«, die in folgendes Koordinatensystem von Ethik und Geschäftsführung wertend eingezeichnet sind.

Ulrich und Maak erläutern die Reifegrade wie folgt:
»(1) Die erste Stufe besteht typischerweise darin, zu leugnen, dass das Unternehmen *überhaupt* – sei es generell oder in bestimmten Bereichen – Verantwortung tragen sollte. Wirtschaften ist ›Privatsache‹, erweiterte Ansprüche sind unerwünscht.
2) Die zweite, weit verbreitete Stufe ist auf Risikovermeidung aus und lässt sich am besten mit *Compliance Management* beschreiben. Das Unternehmen hält sich an die geltenden Regeln und Gesetze. Eine weitergehende Verantwortung wird nicht gesehen bzw. zumeist abgelehnt.

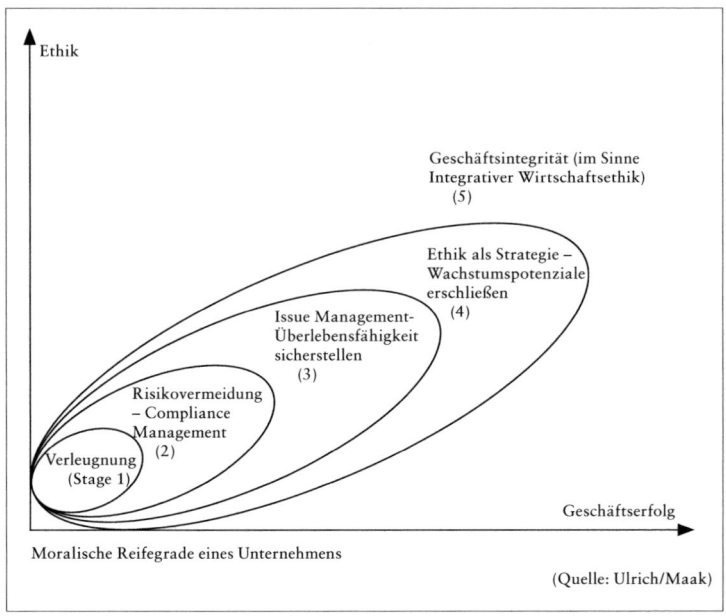

Ethik

Geschäftsintegrität (im Sinne
Integrativer Wirtschaftsethik)
(5)

Ethik als Strategie –
Wachstumspotenziale
erschließen
(4)

Issue Management-
Überlebensfähigkeit
sicherstellen
(3)

Risikovermeidung
– Compliance
Management
(2)

Verleugnung
(Stage 1)

Geschäftserfolg

Moralische Reifegrade eines Unternehmens

(Quelle: Ulrich/Maak)

Es handelt sich hier um ein passives Minimalethos.
(3) Mit der dritten Stufe steigt der Aktivitätsgrad, d. h.
hier findet sich ein Moralbewusstsein, dass im Sinne der
langfristigen Existenzsicherung des Unternehmens ein
aktives Issue-Management betreibt. Bedrohungspotentia-
le werden identifiziert, Stakeholder involviert und länger-
fristige Strategien entwickelt, um Reputation und Erfolg
zu sichern. Denn – so wird jetzt argumentiert – Moral hat
Auswirkungen auf die ›Bottom Line‹ und ist deshalb zu
berücksichtigen.
(4) Auf der vierten Stufe zeigt sich ein proaktiver Ansatz. Es setzt sich die Überzeugung ›Ethics pays‹ durch.
Sie wird deshalb aktiv – und bisweilen aggressiv – in
den Vordergrund der Aktivitäten gerückt. Man weiß
um die Bedürfnisse kritischer Konsumenten und um die
strategischen Erfolgspotenziale, die in der konsequenten

Wahrnehmung von Verantwortung und langfristigen Positionierung als *Good Corporation Citizen* stecken. ›Doing well by doing good‹ ist das Motto auf dieser Stufe. (…) Die Kehrseite der Medaille ist, dass nur so lange moralisch gehandelt wird, wie dies opportun erscheint, d. h. sich rechnet. (5) Erst mit der fünften Stufe wird diese Opportunitätsfalle vermieden und ein moralischer Reifegrad erreicht, der als ein postkonventionelles Moralniveau beschrieben werden kann. ›Ethik gilt nur um ihrer selbst willen; umfassendere, prinzipienorientierte Gerechtigkeitserwägungen prägen die Reflexion genau so wie das Bemühen um eine Integration von ökonomischen und ethischen Erwägungen. (…) Ein solcher reflektierter Zugang und moralischer Reifegrad ist noch selten auszumachen‹.«[54]

Ein Versuch, den von Bosch aufgestellten *Code of Conduct* in dem beschriebenen Koordinatensystem zu positionieren, ist nicht leicht. Aktuell liegt er wohl in den Stufen 2 und 3 mit dem Schwerpunkt Compliance Management, um Risiken zu vermeiden. Der von Robert Bosch d. Ä. zitierte Ausspruch könnte den Reifegraden 3 bis 4 entsprechen. Hans L. Merkle deckt wohl mit seinem Legalitätsprinzip und seinen moralischen Essays die Reifegrade 2 bis 5 ab, ohne dass dies offiziell kodifiziert worden ist.

Die aktuellen *Codes of Conduct* und *Codes of Corporate Governance* von Siemens nach den Korruptionsaffären treffen wohl im Vergleich zu Bosch am deutlichsten den Reifegrad 2 der zukünftigen Risikovermeidung durch Compliance-Management (einschließlich »Whistle Blowing«).

Der Leser, der bis hierher unsere Gedanken zu den moralischen Reifegraden der Bosch-Gruppe gelesen hat, mag sich vielleicht die Frage stellen, welcher Zusammenhang mit dem musikalisch geprägten Essay-Titel zu sehen ist. Die Antwort verdanken wir Thomas Mann[55], wenn er von einem »Themengewebe« spricht, »worin die Ideen die Rolle musikalischer Motive spielen.«

»Die Benutzung des Leitmotivs« zeigt sich nicht nur auf eine bloß naturalistisch-charakterisierende, sozusagen mechanische Weise, sondern in der symbolischen Art der Musik.« Diese Leitmotive des Bosch-»*Code of Conduct*« sind relativ gut zu verorten: Das Leitmotiv »Anständigkeit« hat bei Robert Bosch d. Ä. seine Wurzeln. Hans L. Merkle ist für die Initiation von »Dienen und Führen« und »Legalitätsprinzip« maßgeblich gewesen. Hermann Scholl, der Cellospieler, hat diese Motive harmonisch fortgeführt und verdichtet. Und Franz Fehrenbach ist für die Glättung der moralischen Leitmotive des rechtmäßigen Handelns verantwortlich und hat dabei die aktuellen Bedürfnisse der »Compliance« mit Unterstützung seiner Geschäftsführer berücksichtigt. Wichtig für die Adressaten ist folgender Hinweis – wiederum von Thomas Mann, der visionär für ein nachhaltiges Verständnis des »Codex of Conduct« steht »Man kann den musikalisch-ideellen Beziehungskomplex [...] erst richtig durchschauen und genießen, wenn man seine Thematik schon kennt und imstande ist, das symbolisch ausspielende Formelwort [»Leitmotivik« d. Verf.] nicht nur rückwärts, sondern auch vorwärts zu deuten.«[56]

3.3. Musikalische Tugenden in den *Buddenbrooks* von Thomas Mann

Wir haben in dem vorliegenden Essay speziell musikalische Tugenden und deren Metaphern mit dem Wunsch verbunden, diese zur Verbesserung des Unternehmer- und Leadership-Ansehens zu integrieren. An einem Beispiel möchten wir in dieser Reflexion darauf hinweisen, dass es selbstverständlich noch weitere ästhetische Dimensionen geben könnte bzw. schon gibt, die geeignet sind, das Leadership-Ansehen richtig zu positionieren.

Christian Grawe erläutert im *Buddenbrooks-Handbuch*[57] die Charakteristik der Struktur und Erzählform von Thomas Mann in seinen Werken – hier: in *Buddenbrooks* – in einem Kapitel über Komposition:

»Entwicklung und Kontrast, Themenführung, Leitmotivik und Kontrapunktik – es ist nicht schwer, die Struktur von *Buddenbrooks* in musikalischen Termini zu beschreiben; die Charakteristik dieser und anderer Romane Thomas Manns als musikalische Komposition ist dann auch immer wieder vorgenommen worden – nicht zuletzt vom Verfasser selbst, der seine Werke auffällig häufig in musikalischen Begriffen als Partituren bezeichnet: ›Der Roman war mir immer eine Symphonie, ein Werk der Kontrapunktik, ein Themengewebe, worin die Ideen die Rolle musikalischer Motive spielen.‹«

Und Christian Grawe fährt fort: »Wie bei Richard Wagner bildet auch bei Thomas Mann die Leitmotivik eine starke Klammer der Stoffmassen [...] – Schon diese Kombination von literarischen und musikalischen Einflüssen, die der Autor selbst anbietet« – und Grawe sagt kritisch weiter – »lässt geraten erscheinen [...], dass das Beschreiben literarischer Werke in musikalischen Termini durch deren fachliche Entfremdung und gewissermaßen metaphorischer Entfremdung, bei allem Reiz, den sie ausüben, zu Ungenauigkeiten und Unstimmigkeiten führen kann und die Textanalyse nicht ersetzen sollte.«

Diese kritischen Hinweise muss auch der Autor des vorliegenden Essays über Musik und Management als Erkenntnis hinnehmen, was er auch gelassen tut, da er natürlich die vielfältigen Textanalysen der Leadership-Literatur als Leser und praktisch Betroffener relativ gut kennt und gerade deshalb ein angreifbares Querdenken provozieren wollte, mit dem Ziel, eine Diskussion zu entfachen.

Thomas Mann hat diese Musik-Metaphern als Kompositionsmittel genutzt, vielleicht auch um die Akzeptanz seiner Werke im Markt durch diese Formen zu aktivieren. Andererseits ist der Inhalt der Buddenbrooks eine literarisch-ästhetische Meisterleistung, um den »Abstieg einer Familie«, also den kaufmännischen Verfall eines Familienunternehmens zu beschreiben. Heute spricht man in der Management-Sprache von typischen Problemen eines »Generationswechsels im Kontext zur Unternehmenskontinuität«, z. B. wie es als Ergebnis einer empirischen Untersuchung gefördert von der Bertelsmann Stiftung 1989 veröffentlicht worden ist.[58]

Kommen wir zurück zur Musik in den *Buddenbrooks*. Für die erste Generation, für Johann Buddenbrook, einen echten Buddenbrook mit kräftigen Merkmalen von Macht und Eroberung, verkörpert die Musik eine der Künste, die sich der Mensch dienstbar macht; so spielt er »gern ein wenig die Flöte«. In diesen großbürgerlichen Kreisen diente die Musik als »Mittel gesellschaftlichen Prunkes und Zeichen hochbürgerlicher Bildung«.

Für die zweite Generation, Jean Buddenbrook, verkörpert sich diese Repräsentativfunktion in der »Indienstnahme der Chorknaben der Marienkirche«. Die dritte Generation, also die Kinder des Konsuls, seien allesamt eigentlich unmusikalisch gewesen. Allerdings diente der Verzierung des Firmenjubiläums z. B. der Choral »Nun danket alle Gott« usw.

Über die musikalischen Versuche von Hanno, Tony und schließlich Christian Buddenbrook ist sowohl im Werk von Thomas Mann und in der Sekundärliteratur sehr viel geschrieben worden. Hier wollen wir im Kontext des Nachwortes nur auf die Verfallserscheinungen hinweisen, die Thomas Mann mit Hanno und Christian ausführlich darstellt. Hanno ist der »Verfallsprinz«, Christians Interesse reicht vom »Tingeltangel fünfter Ordnung« über den Zirkus bis zum musikalischen Geschmack von »Chansons des Cafés chantants«. Hanno spielt mit »krächzender Stimme«

eine Fidelio-Imitation in seinem Puppentheater. Schließlich begründet Thomas Mann u. a. den Verfall der Familie mit der Musik als Passion, die vom Leben weg in eine Art künstlerischer Gegenwelt und somit zur Daseinsuntüchtigkeit führt.[59]

Diese bittere Kritik enthält sicherlich einige Hinweise für das vorliegende Plädoyer zur Verbesserung des Management-Ansehens durch musikalische Tugenden. Sie wird dennoch zur Glaubwürdigkeit unserer »Anträge« im Verteidigungsplädoyer zur Richtigstellung der Vor-Urteile beitragen.

♫ ♫

3.4. »Führen lernt man beim Dirigieren« (Musikredakteurin Karin Klopfer)

Die traditionell konservative Fachausbildung bzw. Weiterbildung von Managern für unternehmerische Führungsaufgaben findet überwiegend in den bekannten universitären »Kaderschmieden« von Harvard, Stanford, Yale, MIT, Cambridge, Columbia, ENI, St. Gallen usw. und deren Post-Graduate Seminaren statt. Daneben gibt es wichtige Symposien (z. B. von Professor Kurt Schwab in Davos), in welchen die Führungskultur einen wichtigen Platz auf der Agenda einnimmt. In diesem Verständnis – quasi mit geisteswissenschaftlichen Studien (»Orchideen-Fächer«) vergleichbar – befindet sich das Führungstraining im Theater (in sog. »Unternehmenstheatern«), Führungstraining im Reitstall (Autoritätskampf zwischen Ross und Reiter, Engführung des Pferdes usw.) oder Führungstraining im Dunkeln (»Blinde« Konzentration auf Sprechen und Zu-Hören). Eine besondere Nische des Führungstrainings wird auch von Musikseminaren über »Dirigieren und Führen« angeboten, wie es z. B. Professor Manfred Harnischfeger (Journalist und ehemaliger Kommunikationschef der Post) und Gernot Schulz (Schlagzeuger der Berliner Philharmoniker,

Dirigier-Studium und Assistent bei Leonard Bernstein und Georg Solti) veranstaltet.

Musikredakteurin Karin Klopfer hat darüber in ihrem Essay in der *Frankfurter Allgemeine Sonntagszeitung* vom 10. Oktober 2010[60] berichtet. Die folgenden Zitate aus dieser Veröffentlichung ergänzen unser Verteidigungs-Plädoyer anschaulich, sodass wir sie in unsere Reflexionen aufgenommen haben:

- Körpersprache des Dirigenten:»Die Dirigentin lässt ihre Arme sinken. Die Körper der Musiker sacken in sich zusammen. Die Spannung hat sich verflüchtigt, bevor der erste Ton erklungen ist.«
FAZIT: Ein Unternehmer muss stets aufrecht stehen.

- Mit Disziplin den Takt halten:»... ich komme aus dem Takt. Die Musik gerät auseinander, die einen spielen eine Nuance später als die anderen, keiner scheint zu wissen, was ich will. Es wird dissonant – unter meiner Führung.«
FAZIT: Diszipliniert und taktvoll weitermachen, auch nach Fehlern.

- »Weil der Dirigent keinen einzigen Ton produziert, hängt sein Erfolg ganz von seiner Fähigkeit ab, andere dazu zu bringen« – Zitat des Dirigenten Benjamin Zander / Boston Philharmonie Orchestra.
FAZIT: Ein Hinweis auf die notwendige Motivationskraft eines Unternehmers.

- »Akribisch muss die Vorbereitung sein, präzise die Zielvorstellung, klar jeder einzelne Impuls und fest der Glaube an das Team. Wenn es gut läuft, sollte man zudem die Souveränität besitzen, sich zurückzunehmen.«
FAZIT: Wir verweisen auf die Tugenden von »Zusammenspiel« und »Demut« in unserem Verteidigungs-Plädoyer.

- »Die Musiker sind unbarmherzig. Sie spielen genau das, was man ihnen vermittelt – nicht mehr nicht weniger –

das Feedback des Orchesters ist schneller und direkter, als es in den Hierarchien der Unternehmen möglich wäre. Das stimmt vor allem, wenn das Orchester einen Dirigenten ablehnt oder misstraut. Wenn jedoch ein qualifizierter und menschlich verehrter Dirigent einen Fehler macht oder einige Takte aussetzt, spielt das Orchester im gewohnten Stil weiter (z. B. die Wiener Philharmoniker), auch ohne Führung.

FAZIT: Stehen, wenn es kritisch wird, oben und unten.

Die zitierten Beispiele zeigen, wie man aus unerwarteten Krisensituationen des Dirigierens eines Orchesters seine eigenen Führungsfehler erkennen kann, um daraus zu lernen – hoffentlich auch zum Vorteil des Unternehmens.

Ergänzend zu unserer vertretenen Meinung über die positiven Kräfte musikalischer Tugenden auf eine Führungskultur und eine oft sichtbare Parallelität sei gestattet, nochmals auf das Buch von Justus Frantz und Jens U. Sievertsen mit dem Titel *Virtuos führen. Die Meisterklasse des Managements* (Hanser Verlag, München 2007) hinzuweisen.

Der Psychologie-Professor Jens Sievertsen – Schüler von Paul Watzlawick – und Management-Coach hat im Zusammenspiel mit dem Pianisten und Dirigenten (Philharmonie der Nationen) Professor Justus Frantz mehrere Unternehmen (Montblanc, Würth u. a.) vorbildlich motiviert, Musikalität für die Optimierung der Führungskultur zu nutzen. Als befreundeter Kurator von Justus Frantz hatte der Autor den Vorteil zu lernen, dass auch berühmte Dirigenten – quasi in »Umkehrung« – von Unternehmern lernen können, vor allem, wenn es um kritische finanzielle Situationen geht. Ich verstehe darunter weniger die erforderliche charmante Fähigkeit, Sponsoren zu gewinnen, sondern eher das unternehmerische Lernen, ein Orchester als Organisation finanziell durch Finanzplanung und Controlling vorausschauend optimal zu strukturieren.

3.5. Über Vorträge zu »Unternehmer und Musik« (Antizipation, Notation, Artikulation)

Von Hans U. Brauner und Thomas Schuld

Im Anschluss an den 2009 veröffentlichen Essay haben wir mehrere Gespräche über »Leadership bzw. Unternehmer und Musik« geführt, deren Inhalt wir teilweise im vorangangenen Kapitel 3.1. wiedergegeben haben. Von verschiedenen Freunden angesprochen, haben wir auch eine Vortragskonzeption mit musikalischen Beispielen (Klaviervortrag und DVD) gestaltet und dabei weitere Erfahrungen gesammelt:

a) Das Choralvorspiel zu »Wachet auf, ruft die Stimme« von J.S. Bach (BWV 645) ermöglicht ausgezeichnete Beispiele zur *Harmonie*, z.B. Dissonanz – Konsonanz vs. Konfliktmanagement – Tempo vs. Speed Management, Verzierungen und Triller vs. »Gefühlte« Kommunikation oder Zugabe vs. unternehmerische Vorleistungen zu zeigen. Dieses Choralvorspiel, ein Präludium, als Ganzes ist ein gutes Beispiel für die *Einstimmung* in die Einzelthemen im Vergleich zum *Briefing* von Gremien (Vorstands-, Aufsichtsrats-Sitzungen usw.)

b) Ein Beispiel aus der Partitur der 9. Sinfonie von L.v. Beethoven gibt den Einblick in die notwendige *Zeitdisziplin* des Orchesters, für die der Dirigent sorgen muss. Eine Partitur vermittelt in gleicher Weise die Tugend der *Antizipation* beim Lesen der Partitur und selbstverständlich beim Lesen der Noten durch die einzelnen Orchestermitglieder, d.h. der oder die nächsten Takte müssen/sollten antizipiert werden, um Harmonie und Zeitdisziplin (z.B. synchronen Bogenstrich) zu verwirklichen.

c) Eine wichtige Herausforderung für einen Musiker ist die *Notation*. Wie fixiert ein Komponist seine Ideen und vermittelt den Einzelton und den Ablauf der Musikstücke in seiner Notenschrift? Es geht also z. B. um die Länge und die Höhe eines Tones und wie der Musiker das Werk interpretiert, nicht in Überheblichkeit, sondern in *Demut* vor dem Komponisten – und auch vor seinem Publikum. Der Vergleich zum Management-Verhalten ist hier leicht zu erkennen. Wie verdeutlicht der Unternehmer (Eigentümer- oder Angestellten-Unternehmer) seine Visionen, seine Ideen, seine Vorbildfunktion und Geschäftspläne, damit diese vom Management in den verschiedenen Hierarchien »richtig« verwirklicht und ausgeführt werden?

In der Musik werden ab dem 16. Jahrhundert trotz verschiedener Epochen und Stile in etwa dieselben Zeichen verwendet; insofern ist eine demütige Notation für einen Musiker schwieriger als für einen Manager, der über alle modernen Kommunikationsmittel verfügt. Dem berühmten Dirigenten Nikolaus Harnoncourt[61] verdanken wir eine klare zweifache Aussage zur Notation:

(1) Der Komponist schreibt das »Werk«, »dessen *Wiedergabe* ist aus der Notation nicht zu erkennen«, d. h. die *Interpretation* wird dem ausführenden Musiker überlassen.

(2) Der Komponist schreibt auch die *Ausführung*; »dabei ist die Notation gleichsam eine *Spielanweisung* ...«, d. h. die Ausführung soll sozusagen in »Werktreue« erfolgen.

Überträgt man diese von Harnoncourt genannten beiden Prinzipien auf das unternehmerische Leadership-Denken, so entspricht die erste Alternative einer dezentralen Organisation, mit der Delegation der Verantwortung für die Durchführung von zentralen

Vorgaben, Entscheidungen und Plänen (Richtlinien-Kompetenzen des Vorstandsvorsitzenden oder des Bundeskanzlers/der Bundeskanzlerin).

Bei der zweiten Alternative wird auch Ausführung (die »Spielanweisung«) im Detail zentral geplant und kontrolliert, was z. B. der Idealvorstellung staatlich kontrollierter Unternehmen entspricht. In erfolgreichen Unternehmen ahnt oder weiß »man«, was immer an der Spitze entschieden wird – ob richtig oder falsch –, an der Basis werden die Führungsentscheidungen nach bestem Wissen und Gewissen der Ausführenden mit Empathie stets »richtig« im Sinne des Unternehmens realisiert, stets aus Fürsorge um die Unternehmeskontinuität und die Sicherheit des eigenen Arbeitsplatzes. So wie die Berliner Philharmoniker oder Wiener Philharmoniker immer richtig und gut spielen, auch wenn der Dirigent einmal unkonzentriert dirigieren sollte.

d) Neben der Notation ist eine mögliche Tugend für ein gutes Leadership-Verhalten das Musikverständnis der *Artikulation*. Allgemein versteht man unter Artikulation den technischen Vorgang des deutlichen und gegliederten Aussprechens. Beim Gesang bedeutet es die deutliche Wiedergabe der Vokale und Konsonanten, beim Instrumentalspiel die Gliederung, Verbindung, Betonung der Töne (legato bis staccato).

Jeder Hörer kennt die langweilige, eintönige und ermüdende Erfahrung beim Zuhören eines mit maschinenhaft betonungsloser Gleichmäßigkeit gehaltenen Vortrages einer Universitätsvorlesung oder einer roboterähnlichen Ansprache in einer Hauptversammlung eines börsennotierten Unternehmens. Erst der Wechsel im Tempo, die Pausen, die Betonung der Widersprüche (der Dissonanzen) und der Auflösung des dissonanten Schmerzempfindens, das einem eine gewisse »Leichtigkeit« vermittelt, macht eine Rede durch diese Artikulation attraktiv. Für die Art, wie so eine Auflösung einer Dissonanz gezeigt werden soll, verwendete Leopold Mozart – nach Nikolaus Harnoncourt – z. B. das romantische Wort »sich verlierend«[62].

e) Als Beispiel für ein perfektes **Zusammenspiel** zeigen wir in unserem Vortrag als DVD-Ausschnitt das Alban Berg-Quartett mit *Der Tod und das Mädchen* von Franz Schubert. Nur durch die leicht angedeutete Körpersprache der Artikulation mittels eines kräftigen Bogenstrichs führt die erste Geige das Quartett. Ab und zu wird die *Führung* an das Cello weitergegeben durch einfühlsames Verbeugen vor dem Partner.

f) Das leitet über zu dem DVD-Ausschnitt (1984) von Oscar Peterson's Jazz Trio (Piano, Baß, Schlagzeug) mit dem Stück *Easter Suite,* in welchem Oscar Peterson seine sichtbare Demut vor Abendmahl, Kreuzigung und Auferstehung als Komponist und Musiker authentisch und harmonisch wiedergibt. Das unterscheidet sich wohltuend von möglichen »Verfälschungen«, z. B. die von Charles Gounod vorgenommene Bearbeitung des ersten Präludiums in C-Dur aus dem *Wohltemperierten Klavier,* Band 1, von J. S. Bach durch veränderte Notation und Artikulation als *Ave Maria,* die mein Vortragspartner Thomas Schuld als Beispiel vergleichend vorspielt.

Die am Beispiel von Gounod genannten »Entgrenzung« ist selbstverständlich nicht nur kritisch zu sehen. Heinz Holliger (Jahrgang 1939) sucht z. B. als Komponist, Dirigent, Oboist und Pianist Bezugspunkte in der Musikgeschichte oder in der Literatur bei klassischer Vertonung und inhaltlichen Bezugnahmen, nicht als Plagiator, sondern als einer der letzten musikalischen Universalisten, der am 27. Januar 2011 in Salzburg anlässlich eines Konzertes zum Geburtstag von Mozart zu sehen war[63].

g) Wir schließen unseren Vortrag ab mit einem krönenden DVD-Ausschnitt (Nov. 1995) aus dem Tripel-Konzert von Ludwig von Beethoven mit den Berliner Philharmonikern. Daniel Barenboim, der Dirigent und Pianist, geleitet Itzhak Perlman fürsorglich auf die Bühne, hilft ihm aus dem Rollstuhl und reicht ihm seine Geige. Yo-Yo Ma, der Cellist, ergänzt das Trio unter dem rauschenden Begrüßungsbeifall des Publikums und dem erwartungsgespannten Orchester (im festlichen Frack). Dieses Konzert veranschaulicht musikalische Tugenden von Großen Orchester und Trio in Harmonie, Zusammenspiel, Disziplin und Demut mit ausgesprochenem Musikverständnis von Antizipation, Notation, Artikulation in Hochachtung und Demut vor dem Komponisten, dem Solisten, dem Orchester, den wertwollen Instrumenten und vor dem Publikum. Es dokumentiert höchste fachliche Kompetenz in der Kombination von Führung (Dirigieren) und Ausführung (Piano) und des vorbildlichen Zusammenspiels von Violine, Cello und Klavier mit dem Orchester, was große körperliche Kondition (Atemtechnik), exzellente geistige Kräfte (Konzentration, Disziplin) und seelisches Gleichgewicht (Sensibilität, »sich verlierendes Bewusstsein«) empathisch erfordert.

3.6. Musik und Performance: Elemente für eine Regeneration der Leadership-Kultur?
Reflexionen zum neuen Master- und Promotionsprogramm der Universität Bayreuth

Zunächst eine Einführung zum *Sachverhalt*. Das Forschungs- und Lehrfeld »Performance« findet man seit mehreren Jahren an der Universität Hamburg als Studienfach »Performance Studies« und an der Folkwang Universität Essen als »Professional Performance«. In Hamburg haben

sich Wissenschaftler/innen der Fachbereiche Bewegungs-
wissenschaft, Erziehungswissenschaft und Sprache/Lite-
ratur/Medien zusammengeschlossen, um Konzepte und
Modelle der Theater-, Tanz- und Bewegungspädagogik,
Didaktik der szenischen Künste sowie Kulturmanagement
zu vermitteln. An der Folkwang Universität bedeutet »Performance«, den höchsten, berufsqualifizierten Abschluss
einer solistischen Ausbildung in den Studienrichtungen
Gesang, Orchesterinstrumente und Tasteninstrumente mit
dem Ziel der Konzertexamensprüfung (Master of Music)
zu erreichen.

Prof. Dr. Anno Mungen ist der Initiator eines »neuen, eu-
ropaweit bisher einzigartigen« Master- und Promotionsstu-
dienganges »Musik und Performance« an der Universität
Bayreuth – wie es in der Website heißt. In beiden Studien-
gängen wird das Zusammenwirken von Musik und Performance in vielfältigen Bereichen untersucht: Musiktheater
(Oper, Tanz, Revue, Kabarett), Musik und Theatralität
(Konzerte, Festumzüge), Musik und autovisuelle Medien
(Film, Fernsehen, Internet) sowie Musik und Wechselwirkungen mit bildender Kunst. Der Begriff Performance wird
von der Universität Bayreuth gedeutet sowohl für die allgemeinen Aspekte der Aus- und Aufführung von Musik-,
Theater-, Kunst-, Film- und Tanzwissenschaft als auch für
die Performancekunst im engeren Sinne (Gesang, Schau-
spiel, Instrumentalmusik). Das Studienprogramm soll auf
eine »spätere Tätigkeit in Forschung und Leitungsfunktio-
nen im Kulturmanagement vorbereiten, also z.B. Universität, Dramaturgie, Intendanz, Festspielleitung«. Der Begriff
Performance, der in der Lehre und Kultur von Management und Leadership eine wichtige Rolle spielt, ist ein in-
teressanter neuartiger Ablauf – ebenso wie die angestrebte
Tätigkeit als Intendant oder Festspielleiter mit unternehmerischen Funktionen – für eine weitere Reflexion zur kulturellen Nutzung musikalischen Gedankengutes für eine

Regeneration unternehmerischen Verhaltens, dem bekannten Plädoyer unserer Veröffentlichung.

Wir greifen aus den Deutungen für Performance für unsere Zielintention zunächst folgende Erklärungen heraus, die wir später kritisch vergleichen:

■ Eine Deutung im weiteren Sinne von Ausführung und Aufführung finden wir bei Elisabeth Jappe in ihrem Buch *Performance, Ritual, Prozess*. Sie erklärt Performance aus der Prozesskunst (Beispiel: Action Painting/Happening von Joseph Beuys, Drop Painting von Jackson Pollock), die in Beziehungen zum Ritual aus einem grundlegenden Element menschlicher Kultur besteht. Während jedoch Rituale durch eine »möglichst unveränderte Wiederholung« charakterisiert seien, wäre ein prozessorientiertes Kriterium einer Performance, dass sie »nie wieder ausgeführt oder aufgeführt würde wie vorher, sondern immer wieder unverwechselbar neu« sei.

Ritus, Ritual, Ritualisierung sind alte Begriffe, die von der Art und Weise des Kultvollzugs und der Zeremonien, der religiösen Liturgie über die Formalisierung von Instinkthandlungen, der Veränderung eins Verhaltensmusters auf ein Signal (z. B. Bedrohung) bis zum stereotypen, starren Verhalten in einer festen Abfolge von Handlungsschritten reichen (z. B. Abstimmungsverhalten in Aufsichtsratssitzungen oder Hauptversammlungen von börsenorientierten Unternehmen).

■ Eine engere Deutung des Begriffes Performance im Kontext zu Musik kann in hervorragenden fachlichen Kenntnissen und Fähigkeiten liegen, die im Gesang (Lied, Oper, Musical, Chor) und in der Instrumentalmusik (Klavier, Streich- und Blasinstrumente etc.) ihren Ausdruck finden und die zu den Zulassungsnachweisen für den Masterstudiengang »Musik und Performance« gehören. Diese fachlichen »handwerklichen« Kompetenzen haben wir bereits im Plädoyer ausführlich behandelt, ebenso wie eine wirtschaftliche Fachkompetenz als Voraussetzung für eine unternehmerische Leadership-Qualifikation.

- Eine zweite Gruppe von Deutungen des Begriffes Performance sind technischer Natur, z. B. die Betriebseigenschaft, Fahrleistung eines Kraftfahrzeuges oder Flugleistung eines Flugzeuges; auch die Leistung, hier das Zeitverhalten von Software und Hardware in der Informatik. In der Musik sind es die höchsten technischen Qualitäten von Flügeln (Steinway, Bösendorfer, u. a.) oder eines speziellen seltenen Flügels (Pleyel, Streicher), ebenso wie außerordentliche und wertvolle alte Streichinstrumente (Stradivari usw.), auf denen die meisten Weltstars musizieren.

  Im unternehmerischen Feld spielen selbstverständlich auch die technischen Instrumente, wie Kommunikationstechnik (Mikrofon, PowerPoint usw.), aber auch Eigenschaften der aktierenden Performer, wie sympathische Gesichtszüge, wohlklingende, gut hörbare Stimmen, Körperhaltungen und -größen, eine wichtige Rolle bei sozialen Auftritten.

- Die wirtschaftlich gekennzeichnete dritte Kategorie von Deutungen wollen wir im Folgenden mit der musikalischen Performance vergleichen. An erster Stelle steht hier wohl die wirtschaftliche Leistung eines Unternehmers (Eigentümer- oder Angestellter Unternehmer, Manager) in seiner Leadership-Funktion: eine Arbeitsleistung, die im Englischen als »high/poor« bzw. »good/poor« performance qualifiziert wird, sei es in der Real- oder Finanzwirtschaft. Speziell in der Finanzwirtschaft bedeutet Performance – als Ausdruck von Risikomanagement – ein relatives Maß für das Verhältnis von Ertrag und Risiko einer Kapitalanlage.

- Zunehmend wird in der Wertung der Leadershipkultur die kommunikative Kompetenz eines Unternehmers beobachtet: Wie ist seine Performance als Vorstands- oder Aufsichtsratsvorsitzender in einer Hauptversammlung der Aktionäre? Wie führt er sich auf? Beherrscht er die Rituale, die mit einer guten Performance zusammenhängen? Eine weitere Qualifikation für die unternehmerische Performance ist seine soziale Kompetenz, speziell hinsichtlich sozialer Verantwortung (social responsibility) und im öffentlichen Auftritt.

Nachdem der Sachverhalt und die erforderlichen Abgrenzungen und Deutungen musikalischer und wirtschaftlicher Performance kurz erläutert worden sind, wollen wir versuchen, die Frage zu beantworten, ob aus der neuen wissenschaftlichen Gegenüberstellung von Musik und Performance ein sinnvolles Modul für eine Leadershipkultur, besser gesagt: Ob wir aus diesem Kontext heraus einige zusätzliche Reflexionen für einen Abbau der Vorurteile und Diskriminierungen gegenüber Unternehmern finden können.

Aus der Fülle der Merkmale einer »Performance Art«, wie sie seit den 1960er Jahren für die Darbietung eine Performers oder einer Performergruppe genannt wird, beschränken wir uns für unsere Zwecke des Vergleiches von Musik-Performance und Leadership-Performance auf fünf Tatbestände:

- den *situationsbezogenen* Auftritt,
- die *handlungsbetonte* Darbietung und
- die *vergängliche*, nicht wiederholbare Ausführung,
- die Trennbarkeit des Performers von seiner Leistung (als Künstler oder als Unternehmer) ebenso wie
- die Produktform seiner Leistung (von der Hardware / Software bis zu kulturellen Werten).

Wir beginnen mit der *situationsbezogenen* Darbietung einer Musik-Performance im Vergleich zur Leadership-Performance, die häufig ortsgebunden, aber auch überall zu jeder Zeit stattfinden kann. Dabei sind jeweils vier Kriterien zu beachten: der Raum, die Zeit, der Akteur und die Zuschauer/Zuhörer als Adressaten der Performance.

Die situationsbezogene Performance tritt häufig als unerwartetes Ereignis im Zusammenhang mit einer ritualisierten Darbietung auf. Ein Konzert oder eine Opernaufführung findet zwar nach zeitlichem Ritual um 11 Uhr oder 19 Uhr statt, die Räumlichkeiten sind aber nicht wie üblich festliche Säle in Konzerthäusern, Staatsopern und Schlössern usw., sondern z. B. ehemalige Fabrikhallen oder Straßen. Als Beispiel sei die Opernaufführung »Beuys« in einer alten Rheinmetall-Fabrikhalle in Düsseldorf 1995 genannt, in die eine Lokomotive der Bundesbahn mit den musikalischen Akteuren eingefahren war. Zu einer ungewollten temporären Performance wandelt sich z. B. auch die Beziehung von Aufsichtsrat/Vorstand zu den Aktionären während einer Hauptversammlung, wenn sachfremde Störenfriede von Sicherheitskräften »abgeführt« oder »rausgetragen« werden, unter Buh- oder Beifallsrufen der Aktionäre (Beispiel RWE-Hauptversammlung im Mai 2011, als zwei Sicherheitskräfte »einmalig« vor dem Rednerpult des Vorstandsvorsitzenden Dr. Großmann postiert werden mussten).

Positive situative Motivations-Performances im unternehmerischen Bereich sind z. B. die jährlichen Darbietungen in der Würth-Gruppe, bei denen die besten Vertriebsleute durch musikalische, künstlerische und sportliche Performance an möglichen ausländischen Orten mit großzügigen Zeitmaß ausgezeichnet werden, wobei selbstverständlich der moralische Code of Conduct eingehalten wird, nicht wie in der zu kritisierenden unmoralischen Performance der ERGO in Budapest (2007). Die Führungskultur von Prof. Dr. h. c. mult. Reinhold Würth, die sich nicht nur durch kulturelle Rituale, sondern auch durch Performance in Musik und Bildender Kunst (Museen) positiv in der Unternehmenslandschaft bewährt hat, kann auch als Beispiel der Beziehungen zwischen unternehmerischen Performern (bzw. seiner Performer-»Führungskonferenz«) und den internen und externen Adressaten seiner Unternehmensgruppe gesehen werden.

Die *handlungsbetonte* Darbietung wird in der musikalischen Performance durch eine solistische exzellente Ausführung von Gesangs- und Instrumentalkunst sichtbar. Wir haben einige Künstler und Dirigenten bereits in unserem vorangegangenen Plädoyer gewürdigt, die Pianisten András Schiff und Alfred Brendel, die Cellisten Yo-Yo Ma und Heinrich Schiff, die Dirigenten Nikolaus Hanoncourt, Claudio Abbado und Herbert von Karajan.

Wie können die Handlungen eines Unternehmers zu einer Aufführung, zu einer Darbietung werden, die nicht als Ritus, Ritual oder Ritualisierung bezeichnet werden, sondern als Performance? Muss ein Unternehmer eigentlich der modischen Entwicklung, dem »mainstream«-Verhalten, folgen? Es fällt einem konservativen älteren Unternehmer wahrscheinlich schwerer als einem progressiven Vertreter der jüngeren Unternehmergeneration, diese Frage mit einem klaren »Ja« zu beantworten. Das Publikum, die Kunden, die Marktteilnehmer haben sich an zahlreiche performance-ähnliche Aktionen, wie Happening, Demonstrationen, Event, aber auch als lupenreine Performance von Künstlern gewöhnt, wie Joseph Beuys, Yves Klein, Christoph Schlingensiefs Container, Jonathan Meese (bei Frank Castorfs Inszenierung von Richard Wagners *Die Meistersinger von Nürnberg* 2006 in Bayreuth). Es geht wohl kein Weg mehr daran vorbei, auch in seriösen börsennotierten Unternehmen oder Familiengesellschaften das kommunikative Instrument Performance zu nutzen, um wichtige Adressaten im unternehmerischen Spielfeld zum Teilnehmer und Akteur eines Ereignisses zu machen mit dem Ziel, die erforderlichen Bindekräfte zu erhalten und weiter zu verbessern.

Das führt dazu, dass z. B. der Vorsitzende des Aufsichtsrates oder Vorstandes öffentlich als Action-Performer auftritt, z. B. unerwartet in die Klaviertasten greift (Beispiel Dr. Heinz Dürr), bei der Einweihung eines gestifteten Schwimmbades vom Turm springt (Beispiel die gewichtige »Fabrikantin« Helene Blum als 60-Jährige in Wuppertal) oder eine Opernarie singt (Beispiel Ex-Thyssen-Chef Dr. Dietrich Vogel, der als Bariton ausgebildet ist) usw.

Es gibt leider auch unangemessene Darbietungen in der Leadership-Kategorie, wenn sich Rituale absichtlich / unabsichtlich zu Performance-ähnlichen Auftritten entwickeln (man kann hierbei vielleicht an den »Klassen-Clown« in der Schulzeit denken) Beispiel: Ein würdiger älterer Aufsichtsratsvorsitzender, dessen Rede die Aktionäre diszipliniert und hochachtungsvoll erwarten, tänzelt jugendlich zum Rednerpult und beginnt mit dem Mikrofon zu kämpfen – rauf und runter, hineinblasen, klopfen, fragen, ob ihn alle hören, Manuskript suchen usw. und dadurch wie ein Kabarettist Heiterkeit hervorruft, leider zu Lasten seiner Autorität und Souveränität. Richtig wäre gewesen, die Kommunikationstechnik rechtzeitig persönlich zu prüfen, so wie ein Musiker mit seinem gestimmten Instrument auftritt. Ein Sänger oder eine Sängerin beginnen z. B. auch nicht ihren Bühnenauftritt mit einem »Einsingen« ihrer Stimmen. Das würde vielleicht sensationsgierige Journalisten freuen, das Publikum jedoch enttäuschen.

Wesentlich ist bei einer Performance der dritte Tatbestand, die *vergängliche* (ephemere), nicht wiederholbare Darbietung. In der Musik soll das, wie in der Malerei, ein offener künstlerischer Prozess sein, keine vorstrukturierte Aufführung in eigener unbegrenzter Zeit sein, dessen Medium der Künstler selbst ist. Es wird also keine Rolle gespielt, d. h. der Performer tritt nicht wie ein Musiker hinter die Komposition zurück, mit Demut, sondern er verkörpert in gewissem Sinne mit seinem Auftritt Widerspruch und Meinungsverschiedenheit.

Für diesen vergänglichen, einzigartigen Performance-Auftritt fällt einem spontan kein realistischer Ansatzpunkt für eine allgemeine Transition in das Unternehmerische ein, um eine Führungskultur zu verbessern. Wahrscheinlich muss man an seltene »Sternstunden« unternehmerischen Verhaltens erinnert werden, die einige wenige Unternehmer zu »Legenden« haben werden lassen. Ob es dieses Alleinstellungsmerkmal die Performance sein kann, das eine ehrenvolle Aufnahme in die »Hall of Fame« ermöglicht, ist schwer zu beurteilen. Zu vermuten ist, dass hier mehr die Rituale einer vorbildlichen und erfolgreichen Unternehmensführung ausschlaggebend sind, z. B. bewährte Leitbilder, Liturgien im übertragenen Sinne oder eine gute Risiko-Check-Liste usw.

Sicherlich sind es nicht Ausrutscher im Verhalten, die in der Klatschpresse gerne als eine negative »Performance« eines Unternehmers veröffentlicht werden. In meiner schwäbischen Heimatsprache wird ein solche kritische Performance gerne wie folgt kommentiert: »So, hascht Du Dich wieder aufg'führt!«

Zum letzten und fünften Tatbestand der Form einer Performance-*Leistung* ist im Hinblick auf eine Verwertbarkeit für unternehmerische Führungsprobleme zu überlegen: In der Performance der darstellenden Kunst werden Auffassungen überwunden, nach denen nur werthaltige und verkäufliche Objekte, wie Gemälde und Skulpturen Kunst sind. Die meisten Performer legen Wert auf eine Dokumentation als Video, Film oder Fotografie, um die Einmaligkeit der künstlerischen Lebenssituation festzuhalten und Wiederholungen, die als Fälschung ausgelegt werden könnten, zu vermeiden. In einer solchen Musikperformance hat z. B. John Cage entsprechende Zeichen gesetzt. Ein ansprechendes aktuelles Beispiel für Musik-Performance kommt vom türkischen Pianisten Fazil Say, der 2008 eine Aufnahme in Istanbul – teilweise Improvisationen *Alla Turca* – auf DVD festhalten ließ (Arthaus Musik 101443).

In der Real- und Finanzwirtschaft gibt es selbstverständlich Produkte – seien es Hardware oder Software – als Ergebnis einer unternehmerischen Leistung. Beim Versuch, unternehmerische Performance im Kontext zu Musik als virtuelles kulturelles Produkt einzuordnen, um es für eine Erneuerung der Leadershipkultur zu nutzen, bewegt man sich noch auf einem neuen Feld, das noch bestellt werden muss, um den Aufwuchs umfangreicher ernten zu können.

Ein Beispiel, wie man vereint mit kulturellen Elementen realwirtschaftliche Produkte erfolgreich auf den Markt bringen kann, hat der bereits mehrfach zitierte Unternehmer Reinhold Würth vorgeführt. Seine relativ technisch einfachen Produkte der Montage- und Befestigungstechnik (z. B. Schrauben) hat er durch sein vernetztes Engagement in der Bildenden Kunst (2011: 14 Museen weltweit), in Musik (Orchester-Sponsor), in Literatur (Literaturpreis) und Bildung (Würth-Hochschule in Heilbronn, Lehrstuhl Entrepreneurship Universität Karlsruhe) zu einer attraktiven Umsatzleistung von 8,6 Milliarden Euro mit über 60.000 Beschäftigten und weltweit mehreren Hundert Vertriebs-, Service und Produktionsgesellschaften entwickelt. Mitarbeiter und Kunden sind stolz, in dieser kulturell anspruchsvollen Infrastruktur arbeiten zu können.

Ein zweites Beispiel aus der Finanzwirtschaft zeigt, dass eine Kombination mit kulturellen Elementen zur Verbesserung von Selbstverständnis und Image nach innen und außen nicht einfach ist. Die Deutsche Bank AG hat ein umfangreiches Depot an Moderner Kunst gesammelt und in ihren Geschäftsräumen hängen. Auf Schloss Brühl werden jährlich hervorragende Konzerte für Kunden und Freunde der Deutschen Bank veranstaltet. Seit mehreren Jahren lautet das Leitbild »Leistung durch Leidenschaft« (seit kurzem auch in menschlicher empathischer Handschrift gedruckt). Sicherlich liegt eine Untersuchung vor, ob und wie sich diese kulturellen Elemente auf die Leadershipkultur der Bank ausgewirkt haben.

Das zweite Beispiel sollte zeigen, dass es nicht leicht ist, einmalige schwer wiederholbare Darbietungen zu kreieren, die sich zu einem attraktiven Performance-Charakter für die Zielgruppen der Zuhörer und Zuschauer entwickeln.

Folgendes drittes Beispiel lässt erkennen, dass es nicht eine Art Druck sein muss, um aus einem Ritual eine aufsehenerregende Performance zu erzeugen, sondern dass spontan aus einen bekannten Ritual eine plötzliche Performance werden kann. In einem Tauf-Gottesdienst der Waldkirche Linnep (NRW) im Frühjahr 2011 bat der Pfarrer nach dem Taufvorgang, das rituelle Vaterunser zu beten, »so wie es Jesus uns gelehrt hat«. Der 4-jährige Bruder des Täuflings betete mit lauter Stimme das elterliche Tischgebet: »Komm Herr Jesus, sei unser Gast und segne, was Du uns bescheret hast. Amen. Guten Appetit!« Pfarrer und Gemeinde unterbrachten ihr Gebet, lächelten sich an und beteten nachdenklich und inniger das Vaterunser zu Ende nach dieser einmaligen, die Andacht reinigenden »Performance« eines Vierjährigen.

Ein viertes ambivalentes Beispiel zwischen Ritual und Performance mag diese Kirchenperformance verdeutlichen: Prof. Dr. Joachim Kaiser (Jahrgang 1928) der bekannte Musikkritiker, und der bedeutende Dirigent Christian Thielemann (Jahrgang 1959) kamen in einer musikalischen

Interpretation der 5. Symphonie von Beethoven (3 SAT, 19. Juni 2011) zum Ergebnis, dass nach komplexen schwierigsten Dirigentenaufgaben (als Leadership-Funktion) das Beschäftigen mit einem »einfachen« Werk von J. S. Bach eine »Reinigung« von Seele und Geist bewirke. Wiederholung der Frage: Ritual und/oder Performance?

Ein Beispiel für eine musikalische Performance, die wahrscheinlich von manchen Zuschauern kritisch, wenn nicht abschreckend beurteilt wird – von anderen im Zeitgeist wiederum positiv – ist das Wuppertaler Improvisations-Orchester (Sendung im WDR 3, 24. Juni 2011), in welchem alle Musiker improvisieren dürfen oder müssen, keinen fachkundigen Dirigenten haben, sondern der Taktstab im 2–5 Minuten-Abstand von einem Musiker zum anderen gereicht wird. Die Verfechter dieser Performance sprechen von »strukturierter« Improvisation, die Kritiker wohl von chaotischem Kindergarten-Spaß.

Zu einer ähnlich kritischen Stilfrage wird es, wenn z. B. Kanye West, amerikanischer Rapper und Musikproduzent provokativ in einer Damenbluse des Pariser Modelhauses Céline (Chanel-Verschnitt) auf die Bühne des Coachella-Musikfestivals in Kalifornien steigt[64]. Ob man an der Universität Bayreuth solche Ent-Grenzungen wissenschaftlich mit einer Magisterarbeit über Performance bedenkt?

Herr Professor Hans Küng besitzt eine weltweite Wertschätzung in seinem Eintreten für ein »Weltethos«. Nun hat er ein musikalisches Werk in Berlin mit dem Dirigenten Simon Rattle über Weltethos komponieren und aufführen lassen. Ob er sich und seinen guten Ideen zum Weltethos mit dieser Performance, mit diesem Event, dienen wird, ist kritisch zu hinterfragen. In den Medien (*Die Welt* vom Oktober 2011) wird vermerkt, dass er dadurch in eine »Eitelkeitsfalle« gestolpert sei.

Wir ziehen aus unseren kritischen, aber auch zustimmenden Gedanken und Beispielen zur Bedeutung und Deutung von Performance im Vergleich zum Ritual, allgemein und speziell durch Musikperformance eine Entschleunigung bzw. Regeneration der erodierenden Leadershipkulturen zu erreichen, folgendes Fazit:

(1) Ritual und Performance sind auf den ersten Blick getrennte Begriffe, die Grenzen sind jedoch fließend.

(2) Ritus, Ritual, Ritualisierung stehen für eine Erhaltung von Strukturen und Prozessen durch Langfristigkeit, Wiederholbarkeit, Stabilität, Kontinuität, Grenzen von Formen und Inhalten. Rituale Handlungen laufen nach »eingeschliffenen« oder »vorgeschriebenen Regeln« ab. In der Musikkultur sind es z. B. Harmoniegesetze für Komposition, Aufführung und Interpretation von musikalischen Werken und die entsprechenden Manieren der Akteure im Rahmen ritualisierter »Leitplanken«.
   In der Leadershipkultur gelten geschriebene und ungeschriebene Gesetze, nach denen das wiederholbare Handeln ebenfalls nach »eingeschliffenen« Regeln funktioniert, z. B. nach Corporate Governance Codex/Code of Conduct, in welchen die ethischen bzw. moralischen Grenzen des Verhaltens enthalten sind.

(3) Performance steht hingegen für eine Veränderung von Strukturen und Prozessen durch Kurzfristigkeit, möglichst Nicht-Wiederholbarkeit, Widerstandskräften, Diskontinuität und Entgrenzung von Formen und Inhalten. Wenn für ein Ritual offensichtlich mehr »defensive« Kriterien zugeordnet werden können, hat eine Performance wohl eher »aggressive« Attribute, speziell hinsichtlich der grenzwahrenden Leitplanken. Wahrscheinlich ist eine Performance gut geeignet, um die bestehenden Gewohnheiten und Bräuche auszudehnen

bzw. neue andere Grenzen und neue Rituale zu initiieren. Das könnte sich zu einem *Paradigmenwechsel* entwickeln.

(4) Beide, seriöses Ritual und seriöse Performance, basieren stets auf einer hohen Fachkompetenz, in unserem Falle der Musikperformance, also auf solistischer musikalischer Performance, die auf Augenhöhe mit exzellenten unternehmerischen Kompetenzen steht.

(5) Ritual und Performance sind Tatbestände, die sich nicht gegenseitig ausschließen, sondern nebeneinander und miteinander sowohl für musikalische als auch für unternehmerische Auftritte existenziell wichtig sind.

(6) Eine Leadershipkultur kann von situationsbezogenen, handlungsbetonten und auch vergänglichen Auftritten / Aufführungen / Darbietungen einer Musikperformance profitieren, aber auch von Musikritualen.

(7) Hinsichtlich der Tatbestandsmerkmale Trennbarkeit des aktierenden Performers von seiner Leistung (also vom Inhalt) und der differenzierten Produktgestaltung seiner Leistung (also von der Form) bestehen unterschiedliche Auffassungen, ob Performance zur Regeneration einer Leadershipkultur beitragen kann. Ein angestrebter therapeutischer »REHA«-Erfolg ist sicherlich vorhanden, aber eher als komplementäre Maßnahme zu sehen.

(8) Eine allerdings aus unternehmerischer Sicht zustimmende Erkenntnis ist es, dass sowohl Ritual als auch Performance der Musik – z. B. auch im Schumpeter'schen Verständnis von »kreativer Zerstörung« – als Element einer Verbesserung der Leadershipkultur gesehen werden können.

Wie kann man abschließend nach dem Fazit unserer Reflexionen die spezifische Frage beantworten, ob Form und Inhalt einer Performance Elemente zu einer Regeneration der eigenen Leadershipkultur sein könnten, die man selbst zu verantworten hat? Eine Antwort im Sinne einer klaren Alternative zwischen Ritual *oder* Performance ist wahrscheinlich nicht mehr sinnvoll gegeben, da der Zeitgeist seit den 1968ern Jahren stetig weg vom beruhigenden langweiligen Ritual zur provokativen spaßigen Performance strebt. Die Antwort lautet dann konsequenterweise Ritual *und* Performance, was einen Paradigmenwechsel[65] signalisiert. Es bleibt uns eigentlich nur die qualifizierende Bewertung der Proportion Ritual: Performance, z. B. 50 : 50, 75 : 25 oder 80 : 20, wobei der Schwerpunkt in der Regel vom Inhaber der Deutungshoheit, dem Machthaber, fixiert wird. William Shakespeare empfahl:»As you like it« –»Wie es Euch gefällt« (1623). Die Themen»Zeitgeist« und»Lifestyle« bleiben langfristig erhalten, sie unterliegen nur Paradigmenwechseln.

3.7. Kammerkonzert als sublimstes Modell interaktiver Führung? Der Königsweg musikalischer Tugenden?

Manfred Osten bezeichnet in seinem Vorwort zur zweiten Auflage ein kammermusikalisches Streichquartett (auch aus seinen persönlichen Erfahrungen als Bratschist)»in seinen höchsten Gipfelleistungen – wie etwa in den späten Streichquartetten Beethovens – [als] die sublimste Form interaktiver Führung im Geiste des Gemeinsinns und dessen Verwirklichung durch vier Persönlichkeiten, die alle als ›primus inter pares‹ verstanden werden können.« Er hat dabei vielleicht an das Alban Berg Quartett, das Hagen-Quartett oder das Emerson String Quartett gedacht, in welchem jeder Künstler höchste Qualifikationen (meist als Hochschul-Professor) besitzt.

Eine vergleichbare Führungs-Architektur ist in Vorstands- und Aufsichtsgremien wohl eher selten, schon wegen der unterschiedlichen Größenordnungen. Die differenzierten fachlichen und sozialen Kompetenzen entwickeln nicht nur Bindekräfte, Ligaturen, wie in der Musik, sondern auch Trennkräfte. Es kommt nur dann zu einer Entscheidung, die von allen mitgetragen wird, wenn klar ist (Geschäfts- ordnung, Satzung), wer führt und wer geführt werden muss. Wer z. B. die Richtlinienkompetenzen, ein doppeltes Stimmrecht oder eine Generalvollmacht besitzt, muss dann auch den Willen und die Kraft zur Führung, zur Ausübung seiner Vollmachten, haben.

Wir haben bereits erläutert – um in vergleichbaren quanti- tativen Proportionen zu bleiben –, dass die Wiener oder die Berliner Philharmoniker manchmal auch ohne Dirigenten spielen. In gleicher Weise läuft auch eine gut strukturier- te und funktionierende wirtschaftliche Groß-Organisation ohne Führungsspitze temporär in Notfallsituationen unter Leitung der zweiten Führungsebene weiter, die – wie in ei- nem Orchester ohne Dirigenten – im ersten Pult spielt.

Der hier zweckmäßige Vergleich zwischen der Führungs- architektur in einem kleinen Kammerkonzert und einem großen Symphonie-Orchester zeigt eigentlich, dass die empathisch-musikalischen Tugenden auch von der Größe, von der Quantität der Musizierenden, abhängen. Um kei- ne falschen Hoffnungen auf einen möglichen überragen- den Einfluss empathisch-musikalischer Tugenden auf jede sich verschleißende Führungskultur zu wecken, sollten wir klar einige Grenzen erkennen, die z. B. erstens mit der kri- tischen Masse der Beteiligten zusammenhängen – ökono- misch nennt man das »optimale Betriebsgröße«. Kleinere mittelständische Unternehmen und kleinere dezentral ge- führte Geschäftsbereiche von Konzernunternehmen sind wahrscheinlich eher für das Lernen empathisch-musikalischer Tugenden geeignet als zentral geführte, große Organisationen. Von vielen Unternehmern, vor allem aber von Politikern, wird z. B. zweitens immer wieder angenommen, dass die Wahrheit in der Mitte liege, um die Risiken zu minimieren, wobei damit gleichzeitig die Chancen minimiert werden. Weiß man eigentlich, wo die Mitte liegt, heute und morgen? Die bisher konservativen Parteien CDU, CSU und auch SPD driften immer mehr nach links von der Mitte, obwohl sie die sichere Mitte anstreben bzw. glauben, in der Mitte zu sein und damit allenfalls Mittelmäßigkeit erreichen. Ob Hans L. Merkle (1913–2000), Bosch-Chef und konservativer Vertreter einer Führungskultur, wohl richtig lag, als er 1979 gesagt hatte: »Der Erfolg liegt im Mut zum Extremen und in der mit dieser Haltung Beharrlichkeit zur Mitte.«[66] Er war glaubwürdig mit seinem »mitreißenden« Führen, bei dem er ein demütiges und einfühlsames »Dienen« als vorausgehende Sequenz sah. Es könnte sein, dass er diese empathische Führungskultur in den verschiedenen begrenzten Unternehmensgrößen gelernt hatte: in der kleinen mittelständischen Druckerei seines Vaters, beim großen Mittelständler Ulrich Gminder und in Gruppen von »mittelständischen« Geschäftsbereichen der Bosch-Gruppe, wie er es mit asketischen »Understatement« ausdrückte.

Nach dem Exkurs in differenzierenden Architekturen und Funktionen von sublimen und weniger sublimen Führungskulturen, die empathiefähig sind oder sein könnten, kehren wir zu empathisch-musikalischen Kernpunkten am Beispiel eines Schubertiade-Festivals zurück.

Meine Frau und ich sind langjährige Besucher der Schubertiade in Schwarzenberg/Hohenems im Begrenzer Wald, einem 1975 gegründeten Liedgesang- und Kammermusik-Fest, in welchem wir die Gesichtspunkte von Besuchern, Künstlern und Intendanten auch unter unternehmerischen Perspektiven beobachtet haben. Wir haben uns selbst und auch für unsere Freunde die Frage nach dem »Königsweg« gestellt, also ob Musik-Festspiele das Erkennen von musikalischen Tugenden fördern könnten und damit zu einer empathischen Regeneration von Tugenden der Festspielbesucher aus Führungs- und Unternehmenskreisen beitragen würden. Folgendes Fragenbündel ist für uns im Laufe der Jahre aus der Besucher-Perspektive daraus entstanden:

- Ist es die intime Kammermusik, gepaart mit der Sehnsucht nach ländlicher Bregenzer Waldromantik?

- Sind es die qualitativ besten Sängerinnen und Sänger sowie die berühmtesten Trios, Quartette, Oktette und Solisten der Kammermusik?

- Spielen musikalische Vorbilder wie Hermann Prey, Dietrich Fischer-Dieskau oder Alfred Brendel für uns Älteren eine Rolle?

- Faszinieren uns die huldigenden Transkriptionen von Liedern in Klavierstücke (Beispiel Franz List-Transkription von Franz Schubert Liedern aus *Schwanengesang* oder *Winterreise*)?

Wir beide haben auch versucht, mögliche Gesichtspunkte von Künstlern einzuschätzen:

- Vom Tenor Christoph Prégardien ist bei einem Abendessen im September 2010 zu erfahren gewesen, dass er die Schubertiade als wichtigen Ort sieht, die eigene Positionierung im Wettbewerb mit anderen Liedsängern, wie Thomas Quasthoff, Angelika Kirchschläger, Simon Keenlyside, Werner Güra, Andreas Scholl, Jan Bostridge, Robert Holl, Juliane Banse u.a. zu erkennen. Das fachkundige Publikum sei kritisch und sehr ernst zu nehmen. Man könne bequem und zeitökonomisch andere Sänger hören und sehen. Meisterkurse von Elisabeth Schwarzkopf, Dietrich Fischer-Dieskau oder Thomas Quasthoff würden ebenfalls zur Verortung beitragen. Zu erinnern ist an Jeremy Rifkin mit seinem Empathie-Plädoyer: »Kooperation steht über Konkurenz«.[67]

- Ähnliche Erfahrungen dürften führende Quartette machen bzw. gemacht haben, z. B. Alban Berg, Artemis, Emerson, Minetti, Kuss, Jerusalem, Szymanowski, Capuçon, Quatuor Mosaïques, Eggner u. a., die in kurzem Abstand, teilweise zeitlich überlappend, ihre Konzerte geben und dadurch Gelegenheit haben, ihre Wettbewerber durch persönliche Begegnungen – ebenfalls zeitökonomisch – zu analysieren und schätzen zu lernen.

- Eine dritte Gruppe sind wohl die Solisten auf Klavier, Klarinette, Cello, Violine, die bei gegenseitigen Besuchen ihrer Wettbewerbskonzerte zu beobachten sind. Hier können z. B. in Schwarzenberg folgenden Stars applaudiert werden: Alfred Brendel, Lang-Lang, Paul Lewis, Lars Vogt, David Fray, Andreas Staier, András Schiff, Heinrich Schiff, Menahem Pressler, Sol Gabetta, Sabine Meyer, Paul Mayer, Till Fellner, Martin Stadtfeld.

- Es könnte auch sein, dass sich die Künstler – ähnlich wie die Besucher und Zuhörer – in der romantischen Atmosphäre eines Bergdorfs wohlfühlen und ein paar Tage von ihrem »Nomadentum« ausruhen und entspannende wertkonservative Gespräche mit empathischen Kollegen und Besuchern führen.

Wir haben zwei Besucher nach Ihrer Einschätzung gefragt: Wie beurteilt das Ehepaar *Dr. Rainer und Helga Lauterbach* – ebenfalls langjährige Besucher – das Thema Führung und Musik am Beispiel der »Schubertiade«? Sie antworten:

»Die Schubertiade fand seit dem Beginn 1976 in besonders schönen, der Romantik verpflichteten Orten bzw. Konzertsälen statt. Wir erinnern an den Ursprung im Renaissance-Palast zu Hohenems, an den Konservatoriumssaal in Feldkirch und an die Landpartien zum Deutschordensschloss Achberg, zur Propstei St. Gerold und zur alten Inselstadt Lindau.

Im Rahmen der Suche nach weiteren Landpartieorten, wurde im Bregenzerwald Schwarzenberg gefunden. Hier im alten Ortskern, inmitten einer wunderbaren Bergwelt, wurde ein Kleinod der Wälderbaukunst mit hervorragender Akustik erstellt. Das Publikum und die Künstler waren von Anfang an begeistert. Es kamen von Jahr zu Jahr mehr Besucher, um hier die Konzerte in idyllischer Umgebung zu genießen. Es stellte sich eine außergewöhnliche Wohlfühlatmosphäre ein, die gebildet wird durch liebliche Landschaft, die hochkarätige konventionelle Musik und die gleichgesinnten Musikliebhaber aus aller Welt.

Durch die Verpflichtung von hervorragenden und weltweit bekannten Künstlern von Anfang an war ein erstklassiger musikalischer Standard gegeben, der dem Publikumsgeschmack entsprach. Sänger wie Hermann Prey, Dietrich Fischer-Dieskau, Peter Schreier, Robert Holl, Christa Ludwig, Arleen Auger, Brigitte Fassbender oder die Kammermusiker wie Alfred Brendel, András Schiff, Heinrich Schiff oder das Alban-Berg-Quartett prägten die Schubertiade.

Wir begrüßen, dass in den vergangenen 33 Jahren, die wir die Schubertiade besuchen, die Kontinuität der Grundkonzeption gewahrt wurde. Junge Quartette stiegen kometenhaft auf, Gesangstars gaben hier ihr Debüt. Das in der Mehrzahl konservative Publikum ist mit der Musik von Schubert und seiner Zeit hoch zufrieden. Langjährige Besucher, wie wir es sind, wurden durch die Schubertiade geprägt, sie gehört ganz einfach zu unserem Leben.

Wir wünschen uns, dass die Schubertiade in seiner jetzigen Form noch lange bestehen bleibt.«[68]

Und warum beurteilt die Luxemburgerin Madame *Josannette Loutsch* Kammerkonzerte am Beispiel der Schubertiade mit großer Empathie? Ihre Antwort:

»Mein Mann und ich haben Herrn Gerd Nachbauer einen Zauberer genannt. Uns wurde sehr schnell bewusst, wie stark sich die Schubertiade von anderen Musikveranstaltungen, die wir auch im Sommer besuchten, abhob. Dass wir, das Publikum, die Schubertiade auswählen und aufsuchen, hat natürlich mit der Programmauswahl zu tun: Lied und Kammermusik der besten Komponisten. Kann man damit eine so lange Erfolgsgeschichte beim Publikum, fast wäre mir Liebesgeschichte in die Feder gekommen, begründen? Wenn man Gerd Nachbauer heißt, ja. Damit wären wir beim ganz eigenen Zauber der Schubertiade. Zauber, der Name sagt es, ist unergründlich. Doch was ins Auge sticht, kann ich versuchen zu beschreiben, u. a.:

■ Die Auswahl und Zusammenstellung der Konzerte ist die Signatur von Gerd Nachbauers »goldener Hand«, wie auch die Qualität seiner »Einspringer«, auf die ich Jahr um Jahr neugierig bin und die eine Enttäuschung über eine Absage gar nicht erst aufkommen lassen.

■ Die Dichte der Konzerte, die es erlaubt, die besten Künstler der Welt hintereinander zu hören und miteinander zu vergleichen. Ihre Interpretation manchmal der gleichen Werke nacheinander zu hören, ist für mich Jahr um Jahr eine Quelle konstanter Beglückung.

■ Ich habe lange Jahre gesagt, nicht nur dass die Schubertiade süchtig macht, sondern auch, dass ich ihr zum Nordpol folgen würde. Was die Geographie angelangt, hat mich der Bregenzerwald eines Besseren belehrt. Die herrliche offene Berglandschaft, die höfliche, freundliche Zurückhaltung der Bregenzerwälder, bei denen ein Wort ein Wort ist, die gastfreundliche Aufnahme auch im hintersten Tal tragen zur Verzauberung bei.

■ Das Publikum. Die gespannte Stille im Saal bei manchen Konzerten ist so, als sei ein einziger Korpus konzentriert, gebannt, gefesselt, atemlos verzaubert im Saal. In diesem

Publikum finden Menschen im freundschaftlichen Gespräch über Musik, aber auch im leidenschaftlichen Disput über ein Werk, einen Interpreten zueinander. Über die Jahre entstehen schöne Freundschaften zwischen Gleichgesinnten.

■ Der Veranstalter, nach dem Tode von Wolfgang Wagner der Dienstälteste im Geschäft, und sicher der gewollt Unauffälligste. Wie hat Gerd Nachbauer es fertiggebracht, während 35 Jahren die künstlerische Qualität der Schubertiade auf diesem Niveau zu halten, ein treues Publikum an sie zu fesseln, trotz einer ständig wachsenden Konkurrenz, ohne je stehen zu bleiben? Wie? Eben: ein Zauberer«.[69]

Und wie schätzt der Autor schlussendlich die Chancen und Risiken einer sublimen Wirkung der Musik auf das unternehmerische Führungsverhalten ein?

Wir haben im Kapitel »Reflexionen«, wie das Ehepaar Lauterbach und Madame Loutsch, Fragen nach dem möglichen »Königsweg« musikalischer Tugenden in ihrer Wirkung auf unternehmerisches Verhalten gestellt.
Zu Beginn des Essays im Kapitel Sachverhalt über Krisen, Unternehmerverhalten, Stereotypisierung und Diskriminierungen haben wir versucht, einige wichtige Voraussetzungen für unser Plädoyer für »Führung und Musik« zu skizzieren.
Die darauf aufbauenden Plädoyer-Anträge für Harmoniekultur, Disziplin, Zusammenspiel und Demut sind ebenfalls ein Versuch, wie der »Essay«-Charakter dieser Schrift signalisiert –, die scheinbar irreversible Erosion der Unternehmer-Kultur, der Führungs-Kultur, aufzuhalten und reversible Chancen durch empathische Tugenden der Musik zu zeigen.
Wenn wir im dritten Kapitel »Reflexionen« versucht haben, die Plädoyer-Anträge zu vertiefen, aber auch kritisch

zu hinterfragen, so bleiben wir *dennoch* bei der Hoffnung, dass Musik eine Regenerations-Oase für Eigentümer- und Angestellten-Unternehmer durch Wiedererkennen musikalischer Tugenden bleibt. Wir sind uns – unterstützt durch die Fachkompetenz aktueller neurologischer Forschungen über die Einflüsse der Empathie durch Funktionen von Spiegel-Neuronen – ziemlich sicher, dass Musik unsere emotionalen Kompetenzen der Empathie anregend wiederbelebt und wachsen lässt.

3.8. »Homo Oeconomicus« – »Homo Empathicus« – »Homo Oeconomicus Empathicus«:

Grenzen und Entgrenzungen für empathisch-musikalische Tugenden?

Vor über 50 Jahren hat Ralf Dahrendorf (1958) über den »Homo Oeconomicus« geschrieben und ihm wesensgleich mit dem »Homo Politicus« verglichen. Dem St. Gallener Professor für Volkswirtschaftslehre und Ökonometrie Gebhard Kirchgässner (Jahrgang 1948) verdanken wir die wohl umfassendste und wissenschaftlich fundierteste Veröffentlichung über den *Homo Oeconomicus* (1. Auflage 1991) mit einem Literaturverzeichnis von über 1000 Veröffentlichungen, in welcher auch 2008 in der 3. Auflage der »Ansatz dieses ökonomischen Modells allgemein anerkannt und in der Wissenschaftstheorie verbreitet ist«[70]. Es gibt in der aktuellen Literatur immer wieder Stimmen, die vom »Tod« des Homo Oeconomicus sprechen oder auch milder vom »Abschied«, wie der IBM-Cheftechnologe Professor Gunter Dueck (Jahrgang 1951), der diesen Abschied wie folgt begründet: »In guten Zeiten wollen Manager Vorteile maximieren, in schlechten Schaden minimieren. Und weil das alle das tun, ist unternehmerisches Handeln

nicht vernünftig, sondern von Instinkten geleitet. Hammel-
herdenverhalten und Lust- oder Angstimpulse prägen die
Ökonomie, nicht Rationalität.«[71]

Der Volkswirtschaftler Uwe Jean Heuser (Jahrgang 1961),
Leiter der Wirtschaftsredaktion *Die Zeit* und Lehrbeauf-
tragter in St. Gallen beschreibt in *Humanomics* eine Va-
riante der Argumentation von Gunter Dueck, die man
»Homo Oecomicus Humanus« nennen könnte. Er weist
darauf hin, dass sich eine »faszinierende neue Forschung
entwickelt, die verschiedene Disziplinen wie Psychologie,
Neurowissenschaft, Politik und Ökonomie zusammen-
führt [...] Humanomics«.[72]

Als letzte Referenz zur wissenschaftlichen Entwicklung
von ökonomischen Verhaltensmodellen sei an den Nobel-
preisträger Gary S. Becker, Professor an der Universität
von Chicago, erinnert, der bereits vor über 40 Jahren *The
Economic Approach to Human Behavior* (Chicago 1976)
veröffentlicht hat, was als *Der ökonomische Ansatz zu
Erklärung menschlichen Verhaltens* (Tübingen 1. und 2.
Auflage 1982 / 1983)[73] bekannt wurde, mit einem Zitat von
George Bernard Shaw: »Ökonomie ist die Kunst, das Beste
aus dem Leben zu machen.« George S. Becker erläutert
Soziale Wechselwirkungen am Beispiel von Familienun-
ternehmern, die eigennützig handeln, »manchmal einen
Anreiz haben, so zu handeln, als wären sie untereinander
altruistisch eingestellt. Dieser Anreiz, Altruismus zu simu-
lieren, wird von ihm als ›Heuchler-Theorien‹ bezeichnet.«[74]

Wenn wir in unserem Essay die musikalische Empathie
bisher als vorbildliches Merkmal auch für unternehmerisches Verhalten herausgearbeitet haben und dann in Grenzen einen Homo Empathicus[75] favorisieren, wie es Jeremy
Rifkin für das allgemeine menschliche Verhalten »ent-
grenzt« empfiehlt, dann muss man sicherlich differenzie-

ren in konjunktive und emotionale Empathie im Sinne des kalifornischen Psychologie-Professors Paul Ekman: »Kognitive Empathie lässt uns erkennen, was ein anderer fühlt. Emotionale Empathie lässt uns fühlen, was der andere fühlt, und das Mitleiden bringt uns dazu, dass wir dem anderen helfen wollen, seine Situation und seine Gefühle zu bewältigen.«[76], eine Funktion der Spiegelneuronen, wie es der Neurologie-Professor Rüdiger Seitz beschreibt.

Nimmt man an, dass das Erkennen, das Kognitive, sequentiell in der Regel vor dem rationalen Handeln erfolgt, dann steht vor der Emotion wohl in gleicher Weise das Erkennen. Es stellt sich nun die Frage, ob ökonomische Vernunft oder das menschliche Gefühl, das Mitgefühl, das Einfühlungsvermögen entscheidend für das Verhalten sind, d.h. ob das Handeln der »Entweder-Oder«-Logik entspricht. Gewinnt jedoch das »Sowohl-als-auch«-Prinzip, dann sind Vernunft und Gefühl vielleicht die gemeinsame Wurzel für eine humanere Haltung.

Es ist – wie bereits in den Kapiteln 1.3. und 1.4. dargestellt – ein gängiges negatives Vorurteil, wenn Eigentümer- bzw. Angestellten-Unternehmer und Manager mit den Eigenschaften hart, gefühllos, unmenschlich, unsozial, gewinnmaximierend usw. belegt werden, und wenn diese Leadership-Kategorie jedoch weiche, mitfühlende, soziale, wohltätige Kriterien zeigt, wird sie leider nicht positiv, sondern ebenfalls mit negativen Vorurteilen »Weichei«, »Sozialist«, »Klassenkämpfer« oder »Sanfter« in Medien oder Kollegenkreisen charakterisiert.

Man kann die dem Zeitgeist entsprechende volatile Bewertung am Beispiel der amerikanischen Mäzene Bill und Belinda Gates oder Warren Buffett zeigen. Stephan Hebel hat diese Ambivalenz in seinem FR-Artikel *Steuern oder Mäzene?*[77] am 18.10.2011 erstaunlich offen debattiert:

- »Die Privatisierung öffentlicher Wohlfahrt ist in den USA auf den Begriff des ›philanthrocapitalism‹ gebracht worden. Egoistische Motive schmälern den Wert des Mäzenatentums nicht.«

- »Mäzenatentum ist wichtig, aber auch ungemein gefährlich für die Gesellschaft. Sicherung des Gemeinwohls muss auch eine öffentliche Angelegenheit bleiben. So altruistisch die Motive der großen Mäzene auch sind: ohne steuernden Staat steckt in ihnen eine große Gefahr.«

Auf den ersten Blick scheint die Gegenüberstellung der Argumente ausgewogen, jedoch erkennt und fühlt man rasch die kognitive Empathie von Stephan Hebel für einige Gedanken des sogenannten »Demokratischen Sozialismus«, wenn auch als »Sanfter Paternalismus«[78] getarnt, den Gebhard Kirchgässner in die 3. Auflage seines *Homo Oeconomicus* sachkundig eingearbeitet hat.

Wenn wir uns in dem letzten Kapitel unseres Essays selbstkritisch nochmals die Frage nach der Realisierbarkeit des komplexen Modells eines Homo Oeconomicus Empathicus stellen, dann zeigen wir »Mut zum Extrem«, aber auch eine gewisse »Beharrlichkeit zur Mitte«. Wir können in diesem Sinne Hans L. Merkle in seinen Einschätzungen zweifach folgen:

- »Ohne Vorstöße in neue, in höhere Quantenbahnen ist der Rückschlag wahrscheinlich«[79], wenn wir »empathischmusikalische Tugenden« als »Mut zum Extrem« bei der Führungsauswahl zukünftig berücksichtigen wollen.

- Und zweitens sei bei der Führungsauswahl, also nach einem »Pflichtheft«, ich könnte auch »Führungsmodell« sagen, letzten Endes – so Merkle –, »wenn die fassbaren Bedingungen der Qualifikation erfüllt sind« [die Bedingungen des Homo Oeconomicus, der Verf.] – der Charakter, genauer gesagt: die Charakterhaftigkeit vor der professionellen Reflexion den Vorzug genießen.« Und Merkle schlägt den Bogen zu seiner Auslegung des Begriffes »Dienen«: »Die Bereitschaft zur Unterstellung unter eine Idee – anstelle des Willens, diese Idee zu beherrschen.«[80] also nicht mehr der »Anspruch *auf* Führung, sondern mit Anspruch *an* die Führung«.

Zu diesen Gedankengängen passt das Goethe-Zitat (*Ilmenau*), welches ich Manfred Osten verdanke:

»Der kann sich manchen Wunsch gewähren,
Der kalt sich selbst und seinen Willen lebt;
Allein, wer andere wohl zu leiten strebt,
Muss fähig sein, viel zu entbehren.«

Mit welchen Grenzen bzw. Entgrenzungen müsste sich das angedachte Modell eines Homo Oeconomicus Empathicus auseinandersetzen? Zu denken ist hierbei vor allem an Krisen, die wir zu Beginn unseres Essays thematisiert haben. Da wir uns in einer geplanten Buchveröffentlichung auch mit Verwerfungslinien unternehmerischer Verantwortung beschäftigen und das Thema Grenzen und Entgrenzungen dort ausführlich kommentieren, sei hier im Vorgriff die Komplexität angedeutet, vielleicht um die oben gestellte Frage beantworten zu können.

Krisen bedeuten immer auch Verschiebung, Aufspüren und Überschreiten von Grenzen. An Grenzen werden Mauern aufgebaut und abgerissen, Türen geöffnet und geschlossen, Grenzgänger kontrolliert oder übersehen, Grenzen sichtbar oder unsichtbar markiert usw. Daraus ergeben sich nicht nur philosophisch-psychologisch, sondern auch politisch-ökonomische Begriffe, wie Grenzgedanken, Grenzbewusstsein, Grenzfälle oder Grenzwerte u. a.

Grenze und Schranke sind zwei eng verbundene Begriffe. Schranke stellt die Übersetzung des lateinischen »limes« dar und ist ein Verstandesbegriff; Grenze entspricht dem lateinischen »terminus« und ist ursprünglich ein rein mathematischer Begriff gewesen (Kant). Der Soziologe Dirk Jung[81] hat drei Nutzungsformen des Grenzbegriffs heraus gearbeitet, die zu unseren Überlegungen für unternehmerische Verantwortung in Krisen gut passen: Die physische, metaphysische und metaphorische Grenze. Zur Deutung der *physischen* Grenze sind englische Differenzierungen hilfreich: »boundary« (deutlich markierte Grenzlinie), »border« (Zone zwischen zwei Grenzlinien), »frontier« (Konfrontationslinie im Sinne eines Konfliktes) oder »margin« (äußerster Punkt, auf dem man sich von innen zubewegen kann). Die *metaphysische* Erfahrung der Grenzsituation deutet Karl Jaspers als die Erfahrungen von der Begrenztheit und »Unzuverlässigkeit« von Planen und Handeln, die uns mit Kampf und Tod in Kontakt bringen, die »letzten Situationen«[82]. Man erlebt bzw. überlebt diese z. B. vor, während und nach einer schweren Operation (Herzinfarkt u. a.).

Ähnliche Grenzsituationen hat der Extrem-Bergsteiger Reinhold Messner geschildert, die er aus seiner Grundstimmung heraus positiv relativiert: »Erfolg ist beim Grenzgang nicht nützlicher als das Scheitern«[83]. Zur *metaphorischen* Grenze ist das Sprachbild des »gatekeepers« (nach E. Schein) aussagekräftig, der darüber entscheidet, wer in das System, die Organisation hereingelassen wird. Solche »gatekeeper«-Funktionen besitzen die oberen Entscheidungsträger, also die Vorsitzenden von Aufsichtsrat und Vorstand bzw. deren Ressortchefs für Personal, Finanzen, Controlling, neuerdings auch für Compliance. Diese handeln nach trennscharfen oder »randscharfen« Grenzen und eindeutigen Zuständigkeiten, Kompetenzen, Verantwortlichkeiten nach dem Prinzip des »entweder – oder«. Die Grenzmarkierungen werden überwacht, Übertretungen werden sanktioniert.

Werden »randscharfe« Grenzen durch »weiche« kommunikationsorientierte und unklare verschwommene Hierarchien abgelöst, oft durch die Scheu vor hart abgegrenzten

Verantwortlichkeiten und Entscheidungskompetenzen (z. B. zu geringes Ausnutzen der Richtlinien-Kompetenz), dann muss man sich nicht wundern, wenn es zu endlosen Verhandlungen und Konsensbemühungen kommt, um Grenzfälle zu klären. Tritt an die Stelle des »entweder – oder« das »sowohl als auch«, dann sind viele Organisationen, Staaten und Unternehmen nicht mehr randscharf definiert, sondern eher vernebelt »ent-grenzt«.

Wir brechen unseren Essay, unseren Versuch, an dieser Stelle ab, legen jedoch das Modell eines »Homo Oeconomicus Empathicus« kritisch auf die Lesetische von Menschen, die sich mit der Erosion und dem Verschleiß von Führungskulturen beschäftigen. Vielleicht hilft hierbei der Hinweis auf Alexander Kluge[84] über *Die Kunst, Unterschiede zu machen*, wenn er in seinem Plädoyer sagt: »Die Unterschiede machen die Empfindungen von ganz allein, werden aber aus Erfahrungen gespeist, die in der Millionen Jahre alten Evolution des Menschen begründet sind.«

Wir haben stets den Mut gehabt, für etwas einzustehen, das wir unterschiedlich als richtig erkannt haben. Auch in diesem Essay. Und dennoch. Et tamen.

Zu den Autoren

Hans U. Brauner, geboren 1934, Dipl.-Kfm., Dr. rer. pol. (Mannheim), Senator h.c. (Bremen), Lehrauftrag BWL/ Controlling. Prof. W. Berens (Düsseldorf u. Münster); 10 Jahre Geschäftsbereichsleiter/Direktor bei der Robert Bosch GmbH in Stuttgart, 20 Jahre Vorstand (davon 16 Jahre Vorsitzender) der Rheinmetall AG in Düsseldorf und Aufsichtsratsvorsitzender mittelständischer Unternehmen (Gerresheimer AG, Trapp AG). Spielt Klavier, Ehefrau Cello und Klavier.

Veröffentlichungen

Knut Bleicher, Karl Dieter Bracher und Hans U. Brauner: *Leitbilder der Unternehmenskultur und Selbstverständnis der Rheinmetall-Gruppe*, Vorträge im Eigendruck, Rheinmetall Berlin AG Düsseldorf 1985

Hans U. Brauner: »Unternehmensentwicklung durch Quantensprung« in: Hans Siegwart, Julian Mahari (Hrsg.), *Corporate Development*, Schäffer-Poeschel, Stuttgart 1999, S. 93–106

Wolfgang Berens, Hans U. Brauner, Jürgen Frodermann (Hrsg.): *Unternehmensentwicklung mit Finanzinvestoren. Eigenkapitalstärkung, Wertsteigerung, Unternehmensverkauf*, Schäffer-Poeschel, Stuttgart 2005

Wolfgang Berens, Hans U. Brauner, Joachim Strauch (Hrsg.): *Due Diligence bei Unternehmensakquisitionen*, Stuttgart 1998, 6. überarb. Aufl., Schäffer-Poeschel, Stuttgart 2011

Hans U. Brauner: *»Kopfsteher« (Georg Baselitz) und »Kopffüßler« (Horst Antes). Beispiele moderner Kunst für unternehmerische Paradigmenwechsel.* Mit einem Vorwort von Reinhold Würth. Swiridoff, Künzelsau 2011

Manfred Osten, geboren 1938, Studium der Rechtswissenschaften, Philosophie, Musikwissenschaft und Literatur; Dr. Dres. h. c.; Auswärtiger Dienst mit Station in Frankreich, Kamerun, Tschad, Ungarn, Australien und Japan (1969-1994); Generalsekretär der Alexander von Humboldt-Stiftung (1995–2004). Moderator des Kulturkreises »Goethe in Gasteig« 2011–2012 mit Adolf Muschg, Friedmann Greiner, Sigrid Damm, Gustav Seibt, Hans-Josef Ortheil, Rüdiger Safranski, Wolf Singer und Peter Stein. Diskussionspartner von Alexander Kluge, Martin Walser, Sarah Wagenknecht. Spielt Bratsche und Klavier, Ehefrau Violine.

Veröffentlichungen

Der Baum der Reisenden. Gedichte, illustriert von Horst Janssen, St. Gertrude, Hamburg 1993, Neuauflage 2008

Die Erotik des Pfirsichs. Zwölf literarische Portraits japanischer Schriftsteller, Insel-Suhrkamp, Frankfurt 1996

Alexander von Humboldt: *Über die Freiheit des Menschen auf der Suche nach Wahrheit.* Hrsg. von Manfred Osten, Insel-Suhrkamp, Frankfurt 1999

Alles veloziferisch oder Goethes Entdeckung der Langsamkeit. Zur Aktualität eines Klassikers im 21. Jahrhundert, übersetzt in mehrere Sprachen, Insel-Suhrkamp, Frankfurt 2003

Das geraubte Gedächtnis. Digitale Systeme und das Ende der Erinnerungskultur, Insel-Suhrkamp 2004

Diese gewisse Leichtigkeit. Horst Janssen und der Mozart-Faktor, St. Gertrude, Hamburg 2005

Die Kunst, Fehler zu machen, Insel-Suhrkamp 2006

Im Kerngehäuse. Gedichte, Illustrationen Jürgen Brodwolf, St. Gertrude, Hamburg 2008

»Konfuzius oder Chinas neue Kulturrevolution«. In: *China-Insel-Almanach auf das Jahr 2009.* Hrsg. von Christian Lux und Hans-Joachim Simm, Frankfurt am Main 2008.

Thomas Schuld, geboren 1956, Staatsexamina Musikhochschule Köln 1978 (Schulmusik, Klavier), Universität Köln 1980 (Erziehungswissenschaften), Universität Köln 1981 (Romanistik, Französisch), Musikhochschule Düsseldorf 1983 (Instrumentalpädagogik Klavier, Musikschullehrer). Dirigententätigkeit (Chöre, Kammer- und Bläserensemble, Marching Band), Musikpädagoge und Liedbegleiter Clara-Schumann-Musikschule in Düsseldorf seit 1981; musikalischer Lektor des Essays *Führung und Musik*.

Helga Lauterbach, geboren 1944, Physiotherapeutin, in leitender Position im Krankenhaus; Dr. med. **Rainer Lauterbach**, geboren 1943, Facharzt für Innere Medizin, klinische Tätigkeit, zuletzt als 1. Oberarzt, von 1985–2004 in eigener internistischer Praxis. Ehepaar mit musikalischen und ornithologischen Fachkompetenzen.

Josannette Loutsch, geboren 1950, Apothekerin, Grand-Duché de Luxembourg, Musikexpertin Franz Schubert.

Anmerkungen / Literatur

SACHVERHALT

Situationsmerkmale Krise

[1] Siehe hierzu Reinhart, Carmen M. & Kenneth S. Rogoff: *This Time ist Different*, New Jersey 2009; deutsche Ausgabe: *Dieses Mal ist alles anders – Acht Jahrhunderte Finanzkrise*, München 2010.

Unternehmer – Stereotypisierung

[2] Klauer, Karl Christoph: *Soziale Kategorisierung und Stereotypisierung*, in: Petersen-Six (Hrsg.) *Stereotype, Vorurteile und soziale Diskriminierung*, Weinheim/Basel 2008, S. 23.

[3] Klauer, Karl Christoph (2008) S. 24.

Vorurteile / Diskriminierung

[4] Wir beziehen uns im Folgenden auf die Forschungsergebnisse von Christiane Schöl, Dagmar Stahlberg und Anne Maass: *Sprachverzerrungen in Intergruppenkontext*, in Petersen-Six (Hrsg.): *»Stereotype, Vorurteile und soziale Diskriminierung – Theorie, Befunde und Interventionen*, Weinheim/Basel, 2008, S. 62–70.

[5] Schöl-Stahlberg-Maass (2008), S. 64.

Plädoyer gegen Bedrohungen

[6] Keller, Johannes: *Stereotype als Bedrohung*, in: Petersen-Six (Hrsg.) (2008), S. 88–96. Die »SST« ist von Steele-Aronson 2002 im Journal of Personality and Sozial Psychology 69, 797–811 erwähnt.

[7] Siehe Keller, Johannes (2008), S. 92.

Musikalisches Präludium / unternehmerisches Briefing

[8] Siehe hierzu insbesondere das neue Buch des Wirtschafts-Nobelpreisträgers Paul Krugmann, *The Return of Depression Economics an the Crisis of 2008*, London 2008.

[9] Siehe hierzu Thomas Mann, *Die Wiedergeburt der Anständigkeit*, in: *Reden und Aufsätze*, Bd. 4 (1960), S. 649ff.

[10] Eine positive Nachricht in den Printmedien, die normalerweise am liebsten »bad news« bringen, ist die Überschrift der *Rheinischen Post* vom 31.1.2009: »Ab heute: Mehr gute Nachrichten« in der Headline auf der Titelseite mit der Subline: »Wir leben in Krisenzeiten. Gerade deshalb setzen wir ein Zeichen gegen Pessimismus und Schwarzmalerei – mit einer Titelseite voller positiver Nachrichten«.

[11] Johann Wolfgang Goethe, *Briefwechsel zwischen Goethe und Zelter in den Jahren 1799-1832*, Münchner Ausgabe, Bd. 20.2., München 1998, S. 1103.

[12] Siehe hierzu den Feuilleton-Artikel von Peter Kümmel: »Es lebe die Bad Bank« in: *Die Zeit* vom 5.2.2009, S. 7, der das Thema gesellschaftlich (evangelisch-linksgerichtet) aufgreift und trotz aller Widersprüchlichkeiten hier zitiert werden kann.

[13] Küng, Hans: *Weltethos für Weltpolitik und Weltwirtschaft*, München 1997.

[14] Kersting, Wolfgang (Hrsg.), *Moral und Kapital – Grundfragen der Wirtschafts- und Unternehmensethik*, Paderborn 2008.

[15] Ulrich, Peter, *Integrative Wirtschaftsethik. Grundlagen einer lebensdienlichen Ökonomie*, 4. Neu bearb. Aufl., Bern 2008 und Maak, Thomas, Ulrich, Peter, *Integre Unternehmensführung. Ethisches Orientierungswissen für die Wirtschaftspraxis*, Stuttgart 2007.

[16] Spitzer, Manfred, *Musik im Kopf – Hören, Musizieren, Verstehen und Erleben*, Stuttgart 2002/2005.

[17] Küng, Hans: *Musik und Religion, Mozart – Wagner – Bruckner*, München 2006 (Küng Musik 2006).

[18] Küng, *Musik* (2006), S. 11.s

[19] Sonderdruck Internationale Stiftung Mozarteum Salzburg 2006, S. 6 und 8 f.

[20] Brendl, Alfred, *Nach dem Schlussakkord*, München 2010, S. 5.

[21] Spitzer, Manfred, *Musik* (2005), S. 16.

PLÄDOYER

Empathie oder Synergie

[22] Rifkin, Jeremy: *The Empathy Civilization* (2009), deutsch u.d. Titel *Die emphatische Zivilisation*, Frankfurt a.M. 2010.

[23] Haken, Hermann: *Erfolgsgeheimnis der Natur. Synergetik: Die Lehre vom Zusammenwirken*, Stuttgart 1981

24 So auch bei Berens, Wolfgang und Hans U. Brauner: *Due Diligence bei Unternehmensakquisition*, Stuttgart 1998, 6. Aufl. 2011.

25 Beck, Ulrich und Christoph Lau: *Entgrenzung und Entscheidung*, Frankfurt a. M. 2004, S. 15.

26 Siehe Brauner, Hans U.: *Kopfsteher und Kopffüßler, Beispiele moderner Kunst für unternehmerischen Paradigmenwechsel*, Künzelsau 2011.

Harmonie

27 Brockhaus-Riemann, *Musiklexikon*, Mainz 1978, Band 2, S. 523.

28 Wolf, Erich, *Allgemeine Musiklehre*, Wiesbaden 2001, S. 101.

29 Siehe hierzu Brockhaus-Riemann (2001), S. 525.

30 Spitzer, Manfred, *Musik* (2005), S. 9.

31 Wir verwenden hier die musikalischen Gedanken von Michael Gielen, *Unbedingt Musik. Erinnerungen*, Frankfurt a. M. und Leipzig 2005, S. 249–261, und stellen diese eigenen wirtschaftlichen Erfahrungen gegenüber.

32 *Collins Concise Dictionary*, Harper Collins Glasgow 1996, S. 130 und S. 825.

Disziplin

33 Bueb, Bernhard, *Lob der Disziplin. Eine Streitschrift*, 6. Aufl., Berlin 2006, S. 11f.

34 Siehe hierzu Schwarz, Salka, *Renaissance der Höflichkeit. Fragen zur Etikette im 21. Jahrhundert*, Dompublishers 2007.

Zusammenspiel

35 Nach Manfred Spitzer, *Musik* (2005), S. 269, über die Tricks der Opernsänger.

36 Gielen, Michael, (2005), S. 260.

37 Gielen, Michael (2005), S. 249/250.

38 Gielen, Michael (2005), S. 259.

39 Schäffer, Albert, Leitartikel »Tanzmeister Seehofer« in der *FAZ* vom 27.10.2008, S. 1.

40 Asserate, Asfa-Wossen, *Manieren*, Frankfurt a. M. 2003.

41 Frantz, Justus und Jens U. Siebertsen, *Virtuos führen. Die Meisterklasse des Managements*, München 2007.

[42] Bleicher, Knut, *Das Konzept Integriertes Management. Visionen – Missionen – Programme*, 7. erw. Aufl., München 2004.

[43] Henckmann, Wolfhart und Konrad Lotter, *Lexikon der Ästhetik*, München 1992, S. 181.

Demut

[44] Brockhaus-Wahrig, *Deutsches Wörterbuch*, Bd. 2, S. 188, Wiesbaden 1980. Anmerkung des Autors: Demut ist der Gegensatz zu Hochmut, der sich in Grenzfällen unter geheuchelter Demut verbirgt.

[45] Merkle, Hans L.,»Dienen und Führen« in: *Bruchzonen der Gegenwart. Gedanken über Politik und Wirtschaft*, Stuttgart 1984, S. 268–282.

[46] Siehe FAZ vom 30.1.2009 auf S. 1:»Wärmender Geldregen« und S. 11:»Wall-Street-Banken verteilen 18 Milliarden Dollar. Sechsthöchster Bonus in der Geschichte der Branche trotz hoher Verluste«.

REFLEXIONEN

[48] Sennett, Richard: *Der flexible Mensch*, 8. Aufl. Berlin 2000 (Original: *The Corrosion of Charakter*, New York 1998)

[49] Siehe W. Halbfass:»Reflexionsbegriffe«, in: *Historisches Wörterbuch der Philosophie*, Hrsg. von Joachim Ritter, Bd. 8, Basel 1992, S. 405.

Sensibilisierung Führungskultur (Gespräch Schuld/Brauner)

[50] Brendel, Alfred, *Über Musik. Sämtliche Essays und Reden*, München/Zürich, 2. Aufl. 2005, S. 423.

Moralische Reifegrade (Bosch)

[51] Höhler, Gertrud, *Jenseits der Gier. Vom Luxus des Teilens*, München 2005.

[52] Goeudevert, Daniel, *Das Seerosenprinzip. Wie uns die Gier ruiniert*, Köln 2008.

[53] Maak, Th. Und P. Ulrich (2007).

[54] Ebd., S. 328/329.

[55] Mann, Thomas, *Rede und Antwort*, Frankfurter Ausgabe, Frankfurt a.M. 1984, S.75.

[56] Mann, Thomas, *Rede und Antwort* (1984), S. 76.

Musikalische Tugend (»Buddenbrooks«)

[57] Grawe, Christian, »Struktur und Erzählform« in: Ken Moulden und Gero von Wilpert, *Buddenbrooks Handbuch*, Stuttgart 1988, S. 105ff. Siehe auch Thomas Mann, *Über mich selbst. Autobiographische Schriften*, Frankfurt a. M. 1983/1994, S. 67.

[58] Albach, Horst und Werner Freund, *Generationswechsel und Unternehmenskontinuität – Chancen, Risiken, Maßnahmen*, Gütersloh 1989.

[59] Grawe, Christian (1989), S. 310 f.

Führen lernt man beim Dirigieren (Karin Klopfer)

[60] Karin Klopfer: »Führen lernt man beim Dirigieren«, in: *Frankfurter Allgemeine Sonntagszeitung* vom 10. Oktober 2010, S. 46.

Antizipation, Notation, Artikulation (Gespräch Schuld / Brauner)

[61] Harnoncourt, Nikolaus: *Musik als Klangrede. Wege zu einem neuen Musikverständnis*, Salzburg/Wien 2009, S. 37.

[62] Harnoncourt, Nikolaus (2009), S. 57.

[63] Aus regelmäßigen Besuchen der »Mozartwoche« in Salzburg stammt ein Kommentar im *Standard* vom 27. Januar 2011, S.1

Musik und Performance

[64] »Was fühlt ein Mann in Frauenmode? Egal!« Elark Parkin in der *Welt am Sonntag* über Stil, 26. Juni 2011, S. 67.

[65] Zum Thema unternehmerischer Paradigmenwechsel siehe auch Hans U. Brauner: *»Kopfsteher« (Georg Baselitz) und »Kopffüßler« (Horst Antes), Beispiele moderner Kunst für unternehmerischen Paradigmenwechsel*, Swiridoff-Verlag, Künzelsau 2011.

Kammerkonzert als Empathie-Modell?

[66] Merkle, Hans L.: »Dienen und Führen« (1979), in: *Bruchzonen der Gegenwart*, Stuttgart 1984, S. 271, 280 ff. (Vortrag anlässlich des 60. Geburtstages von Wilfried Guth, dem Vorstandssprecher der Deutschen Bank AG am 10.07.1979.

[67] Rifkin, Jeremy (2010), S. 26.

[68] Lauterbach, Helga und Rainer: Kontinuität der Grundkonzeption der Schubertiade (2011).

[69] Loutsch, Josannette: Ein Zauberer (2011).

»Homo Oeconomicus« – »Homo Oeconomicus Humanus« – »Homo Oeconomicus Empathicus«

[70] Kirchgässner, Gerhard: *Homo Oeconomicus. Das ökonomische Modell individuellen Verhaltens und seine Anwendung in den Wirtschafts- und Sozialwissenschaften*, 3. ergänzte und erweiterte Aufl., Tübingen 2008, S. VII.

[71] Dueck, Gunter: *Abschied vom Homo Oeconomicus. Warum wir eine neue ökonomische Vernunft brauchen*, Frankfurt a. M. 2008, S. 13.

[72] Heuser, Uwe Jean: *Humanomics. Die Entdeckung des Menschen in der Wirtschaft*, Frankfurt/New York 2008, S. 9 ff.

[73] Becker, Gary S.: *Ökonomische Erklärung menschlichen Verhaltens*, 2. A. Tübingen 1982

[74] Becker, Gary S. (1982) S. 282

[75] Rifkin, Jeremy (2010) S. 15, 122

[76] Ekman, Paul: *Gefühle lesen. Wie Sie Emotionen erkennen und richtig interpretieren*, Heidelberg 2. A. 2010, S. 249. Siehe hierzu auch Giacomo Rizzolatti und Carrado Sinigaglia: *Empathie und Spiegelneuronen. Die biologische Basis des Mitgefühls*, Edition Unseld, Frankfurt a. M. 2008.

[77] Hebel, Stephan: »Steuern oder Mäzene?«, *Frankfurter Rundschau* vom 18.10.2011

[78] Kirchgässner, Gebhard (2008/3) S 261 ff.

[79] Merkle, Hans L. (1984), S. 281.

[80] Merkle, Hans L. (1984), S. 277.

[81] Junk, Dirk: »Grenzenmanagement und Organisationsentwicklung« in: *Zeitschrift für Unternehmensentwicklung und Change Management*, Nr. 4/2010, Düsseldorf, S. 41.

[82] Jaspers, Karl: *Allgemeine Psychopathologie*, 1965, S. 271.

[83] Messner, Reinhold: *Berge versetzen. Das Credo eines Grenzgängers*, München 2010, S. 9, 81, 229, 231.

[84] Kluge, Alexander: *Die Kunst, Unterschiede zu machen*, Frankfurt am Main 2003 (Vorwort).